高职院校学生综合素质培养管理

巴一斯　著

中国文联出版社

图书在版编目（CIP）数据

高职院校学生综合素质培养管理 / 巴一斯著. 北京：中国文联出版社, 2024. 9. -- ISBN 978-7-5190-5610-0

Ⅰ. G718.5

中国国家版本馆CIP数据核字第2024T77F06号

著　　者 巴一斯
责任编辑 周　欣
责任校对 秀点校对
装帧设计 研杰星空

出版发行 中国文联出版社有限公司
社　　址 北京市朝阳区农展馆南里10号　　邮编 100125
电　　话 010-85923025（发行部）　　010-85923091（总编室）
经　　销 全国新华书店等
印　　刷 明玺印务（廊坊）有限公司

开　　本 710毫米×1000毫米　1/16
印　　张 13.5
字　　数 206千字
版　　次 2024年9月第1版第1次印刷
定　　价 68.00元

前　言

在这个日益全球化的时代，高等职业教育不仅承担着培养技能型人才的任务，更肩负起提升学生综合素质，为他们未来的职业生涯和个人发展奠定坚实基础的重任。《高职院校学生综合素质培养管理》一书正是在这样的背景下诞生的，它旨在为高职院校的管理者和教师提供一个全面、深入的指导方案，以促进学生综合素质的全方位发展。

本书通过细致地梳理和阐述高职院校学生综合素质的理论框架、培养途径、实践角度以及评价体系等多个维度，不仅揭示了高职教育在学生综合素质培养方面的重要性和紧迫性，而且提供了丰富的实践操作指南和实践案例，帮助教育工作者理解和把握综合素质培养的核心要义。

从思想道德教育到科学文化素养提升，从专业技能培养到身心健康维护，再到创新创业能力、团队协作精神、社会实践经验以及职业素养的塑造，本书全面覆盖了高职院校学生综合素质培养的各个方面，强调了理论与实践的紧密结合。通过深入分析我国高职院校学生综合素质培养的发展历程，指出了当前存在的挑战，并针对性地提出了应对策略和建议，展望了未来的发展趋势。

本书不仅是高职院校管理者和教师提升学生综合素质培养工作的重要参考资料，也是教育政策制定者、研究人员以及对高等职业教育感兴趣的广大读者深入理解高职教育特点和趋势的宝贵资源。在推动高职教育改革和发展的当下，本书的出版具有重要的现实意义和长远价值。

目录

第一章　高职院校学生综合素质的理论框架……1

第一节　研究的意义和价值……1

第二节　综合素质的定义与内涵……6

第三节　高职院校学生综合素质的构成要素……11

第四节　高职院校学生综合素质培养的理论基础……17

第二章　我国高职院校学生综合素质培养的发展历程……23

第一节　提出阶段……23

第二节　发展阶段……29

第三节　完善阶段……34

第三章　高职院校学生思想道德素质的培养……41

第一节　思想道德素质的内涵与重要性……41

第二节　高职院校学生思想道德素质的现状分析……45

第三节　思想道德素质培养的途径与方法……50

第四章　高职院校学生科学文化素质的培养……56

第一节　科学文化素质的内涵与重要性……56

第二节　高职院校学生科学文化素质的现状分析……61

第三节　科学文化素质培养的途径与方法……67

第五章　高职院校学生专业技能素质的培养……73

第一节　专业技能素质的内涵与重要性……73

第二节　高职院校学生专业技能素质的现状分析……79

第三节　专业技能素质培养的途径与方法……85

第六章　高职院校学生身心健康素质的培养……91

第一节　身心健康素质的内涵与重要性……91

第二节　高职院校学生身心健康素质的现状分析 ……………………96
第三节　身心健康素质培养的途径与方法 ……………………………… 100

第七章　高职院校学生创新创业素质的培养……………………… 107

第一节　创新创业素质的内涵与重要性 ……………………………… 107
第二节　高职院校学生创新创业素质的现状分析 …………………… 112
第三节　创新创业素质培养的途径与方法 …………………………… 117

第八章　高职院校学生团队协作素质的培养……………………… 125

第一节　团队协作素质的内涵与重要性 ……………………………… 125
第二节　高职院校学生团队协作素质的现状分析 …………………… 130
第三节　团队协作素质培养的途径与方法 …………………………… 136

第九章　高职院校学生社会实践素质的培养……………………… 143

第一节　社会实践素质的内涵与重要性 ……………………………… 143
第二节　高职院校学生社会实践素质的现状分析 …………………… 148
第三节　社会实践素质培养的途径与方法 …………………………… 152

第十章　高职院校学生职业素养的培养…………………………… 159

第一节　职业素养的内涵与重要性 …………………………………… 159
第二节　高职院校学生职业素养的现状分析 ………………………… 164
第三节　职业素养培养的途径与方法 ………………………………… 168

第十一章　高职院校学生综合素质评价体系的构建……………… 175

第一节　综合素质评价体系的原则与标准 …………………………… 175
第二节　综合素质评价体系的内容与结构 …………………………… 181
第三节　综合素质评价体系的实施与管理 …………………………… 186

第十二章　高职院校学生综合素质培养的挑战与对策……………… 193

第一节　当前高职院校学生综合素质培养面临的挑战 ……………… 193
第二节　应对挑战的策略与建议 ……………………………………… 198
第三节　高职院校学生综合素质培养的发展趋势 …………………… 204

参考文献…………………………………………………………… 211

第一章　高职院校学生综合素质的理论框架

第一节　研究的意义和价值

一、明确培养目标

在当前教育领域，随着社会经济的快速发展和产业结构的深度调整，对高职院校学生的综合素质要求日益增高。高等职业教育作为职业教育体系的重要组成部分，承担着培养高技能、高素质人才的重要任务。因此，深入研究高职院校学生综合素质的理论框架，明确培养目标，不仅对于提升学生的个人能力和社会适应性具有重要意义，而且对于促进教育教学改革、满足社会经济发展的人才需求具有重要价值。

探讨高职院校学生综合素质的理论框架，要明确其研究的意义和价值。综合素质的提升是个体发展和社会进步的必然要求。在高等职业教育中，综合素质不仅涵盖了专业知识和技能，还包括了思想政治素质、心理素质、创新能力、团队合作能力等非技术性素质。这些素质的培养，对于学生毕业后能否适应社会、实现个人价值、促进社会发展都有着直接的影响。

首先，从个人发展的角度看，高职院校学生综合素质的提升有助于学生全面发展。在知识经济时代背景下，单一的专业技能已经不能满足职场和社会的多元化需求。学生只有具备了较高的综合素质，才能在未来的学习和工作中更好地解决问题、应对挑战。

其次，从社会发展的角度看，高职院校学生综合素质的提升是推动社会经济发展的重要力量。随着社会经济的不断发展，对高素质人才的需求日益增长。高职院校作为人才培养的主阵地，必须紧跟社会经济发展的步伐，不断优化教育教学内容和方法，提升学生的综合素质，为社会培养出更多符合时代需求的优秀人才。

在高职院校学生综合素质的理论框架的研究中，明确培养目标是首要步骤。这要求教育者首先对综合素质的内涵进行准确把握，然后根据社会经济发展和产业升级的实际需要，确定培养什么样的人、培养人的什么素质这一根本问题。

一方面，培养目标应突出专业技能的培养。高职院校学生的专业技能是其进入社会工作的基础，因此，提高专业技能教育的质量是培养目标中的首要内容。这不仅包括专业理论知识的传授，还包括专业实践能力的培养，使学生能够将理论与实践相结合，解决实际工作中的问题。

另一方面，培养目标还应包括非技术性素质的提升。这些素质包括但不限于创新意识和能力、团队合作精神、沟通协调能力等。在全球化和信息化的今天，这些非技术性素质对于学生的职业发展和社会适应能力至关重要。通过提升这些素质，学生可以在未来的职场竞争中拥有更多的优势，更好地实现自我价值。

研究高职院校学生综合素质的理论框架，并明确培养目标，对于个人发展、社会进步具有深远的意义。通过科学的教育教学改革，不断提升学生的综合素质，高职院校可以为社会培养出更多高素质、高技能的人才，满足社会经济发展的需求，推动社会持续健康发展。

二、促进个人全面发展

高职院校学生综合素质的培养对于促进个人全面发展的意义和价值是深刻探讨人类教育的本质和目标，以及教育对个体和社会的影响。个人全面发展是指个体在各个方面都得到充分发展，包括但不限于专业技能、思想道德、科学文化、身心健康等各个方面。在当代社会，促进个人全面发展具有以下重要意义和价值。

促进个人全面发展有助于实现个体的自我价值。人的自我价值是通过全面的发展和实践来实现的。只有在各个方面都得到了充分的发展，个体才能充分发挥自己的潜力，实现自身的价值和意义。比如，在专业技能上的提升可以让个体在职场上取得更好的表现和成就，而在思想道德、科学文化、身心健康等方面的均衡发展则有助于个体建立积极的人生态度、价值观和健康的生活方式，从而更好地实现自我价值。

促进个人全面发展有助于社会的可持续发展。一个社会的发展离不开每个个体的发展，而个体的发展又需要一个良好的社会环境和教育体系来支撑。只有当社会中的每个个体都得到了充分的发展，才能形成一个健康、稳定和可持续的社会。因此，通过促进个人全面发展，可以培养出更多具有创新能力、自身责任感和社会责任感的人才，为社会的发展注入新的活力和动力。

促进个人全面发展有助于构建和谐社会。一个和谐的社会需要每个个体都能够相互尊重、理解和支持。而只有当个体得到了充分的发展，才能够更好地与他人进行交流和沟通，建立起良好的人际关系和社会关系。通过在思想道德、科学文化、身心健康等方面的均衡发展，可以培养出更多具有同理心、包容心和团队精神的人才，从而促进社会的和谐与稳定。

促进个人全面发展有助于推动国家的发展和进步。一个国家的发展离不开人才的支持和推动，而人才的培养又需要一个良好的教育体系来支持。只有当每个个体都得到了充分的发展，才能够为国家的发展和进步贡献自己的力量。因此，通过促进个人全面发展，可以培养出更多具有创新精神、实践能力和社会责任感的人才，为国家的发展提供强大的人才支持和智力支持。

促进个人全面发展不仅有助于实现个体的自我价值，而且有助于社会的可持续发展、构建和谐社会以及推动国家的发展和进步。因此，研究促进个人全面发展的意义和价值具有重要的理论和现实意义，对于完善教育体系、推动社会发展以及促进人类进步都具有重要的启示意义。

三、适应社会需求

高职院校学生综合素质的培养对于适应社会需求具有重要的意义和价值。随着社会和经济的发展，人才的需求呈现出日益多元化和复杂化的趋势。传统的知识技能已经不再是唯一的衡量标准，而综合素质，包括但不限于创新能力、沟通能力、团队合作能力、情商和领导力等，日益成为各行各业所追求的重要素质。因此，综合素质的培养能够更好地满足未来职场和社会对于人才的需求，具有以下的意义和价值。

综合素质的培养能够提高个体的竞争力。在现代社会，面对激烈的竞争，仅凭单一的专业知识和技能往往难以脱颖而出。相比之下，具备综合素质的人才往往更具有竞争力，能够更好地适应和应对各种挑战。例如，一名拥有优秀沟通能力和团队合作精神的人，在工作中更容易获得同事和领导的认可，更有可能在团队中发挥重要作用。因此，综合素质的培养可以帮助个体在激烈的竞争中脱颖而出，提升自身的职业发展和社会地位。

综合素质的培养有助于促进社会和谐稳定。现代社会面临着诸多挑战和问题，例如社会分化、文化冲突、经济不平等，而这些问题的解决往往需要各方面的参与和合作。具备综合素质的人才往往更具有包容性和协调能力，能够更好地促进不同群体之间的沟通和融合，减少社会矛盾和冲突。例如，一位具有良好情商和领导力的领导者能够更好地协调团队内部的关系，化解内部矛盾，推动团队朝着共同的目标前进。因此，综合素质的培养有助于培养更多具有社会责任感和使命感的人才，促进社会的和谐稳定。

综合素质的培养有助于推动经济发展。在知识经济时代，创新能力和创造力成为推动经济增长和社会进步的重要驱动力。而这种创新能力往往不仅仅依赖于专业知识，更需要跨学科的综合素质来支撑。例如，一名既具备技术专业知识又具备良好的沟通能力和团队合作精神的工程师，更有可能在创新团队中提出并实现具有影响力的创新方案。因此，综合素质的培养有助于培养更多具有创新精神和跨学科能力的人才，推动经济的创新发展。

综合素质的培养有助于提升国家的综合竞争力。在全球化的背景下，各国之间的竞争已经不再局限于经济实力和科技水平，更加注重人才的综合素质和软实力。一个国家拥有大量具备综合素质的人才，不仅能够在国际舞台上更好地展示国家形象，更能够在各个领域与其他国家展开合作和竞争，提升国家的综合竞争力。因此，研究综合素质的培养对于提升国家的软实力和综合竞争力具有重要意义和价值。

综合素质的培养对于适应社会需求具有重要意义和价值。通过培养综合素质，个体能够提高竞争力，促进社会和谐稳定，推动经济发展，提升国家综合竞争力，从而更好地适应未来职场和社会的挑战。因此，应该重视和加强对综合素质的培养研究，为个体和社会的发展提供更加坚实的基础。

四、推动教育改革

推动教育改革是当今社会发展的必然需求和重要任务之一。随着科技进步、经济全球化以及社会结构的变革，传统教育模式已经难以适应现代社会的需求和挑战。因此，对于高职院校的教育改革具有重要的意义和价值。

高职院校的教育改革可以帮助提升人才培养质量。高职院校是培养技术应用型人才的重要阵地，其培养的学生往往直接服务于社会生产和实践工作。因此，通过对教育内容、教学方法以及评价体系的改革，可以更好地贴近社会需求，提升学生的实践能力和创新能力，从而更好地满足社会对人才的需求。

推动高职院校的教育改革有助于促进教育公平和社会公正。教育的公平是现代社会的核心价值之一，而高职教育作为普通高等教育的重要组成部分，其教育质量和资源配置直接影响到社会的公平性。通过改革教育内容和教学方法，可以更好地满足不同学生的需求，减少教育资源的不均衡分配，提升教育的包容性和普惠性，从而促进社会的公平和公正。

推动高职院校的教育改革有助于提高国家的创新能力和竞争力。作为技术应用型人才的培养基地，高职院校的教育质量直接关系到国家的科技创新能力和产业竞争力。通过改革教育内容和教学方法，可以更好地培养学生的创新意识和创新能力，提升他们的科技水平和实践能力，从而推动国家的科技创新和产业发展。

推动高职院校的教育改革有助于促进教育与产业的深度融合。高职院校作为培养技术应用型人才的重要平台，其教育内容和教学方法应当与产业需求密切相关，以满足社会对人才的需求。通过改革教育内容和教学方法，可以更好地培养适应产业发展需求的技术人才，促进教育与产业的深度融合，为产业升级和转型提供人才支撑。

推动高职院校的教育改革有助于推动教育国际化进程。随着经济全球化的深入发展，教育国际化已经成为当今世界教育发展的趋势之一。高职院校作为培养技术应用型人才的重要阵地，其教育内容和教学方法需要与国际接轨，以培养具有国际竞争力的技术人才。通过改革教育内容和教学方法，可以更好地满足国际社会对人才的需求，促进高职教育的国际化进程。

推动高职院校的教育改革具有重要的意义和价值。通过改革教育内容、教学方法和评价体系，可以提升人才培养质量，促进教育公平和社会公正，提升国家的创新能力和竞争力，促进教育与产业的深度融合，推动教育国际化进程，从而为社会的发展和进步作出积极的贡献。因此，推动高职院校的教育改革是当前教育事业发展的重要任务之一，也是促进经济社会发展的重要保障之一。

第二节　综合素质的定义与内涵

一、定义

在当代社会，综合素质的概念日益被重视，它不仅是个体竞争力的重要体现，也是社会进步的基石。综合素质是一个多维度的概念，它涉及个人在多个方面的能力与品质，包括但不限于道德品质、知识水平、专业技能、身心健康等。这些因素共同构成了一个人的全面能力，影响着个体的生活质量、工作效率以及与社会的互动方式。综合素质的高低，不仅直接关系到个人的成长发展和幸福感，也间接影响到社会的和谐与进步。

道德品质是综合素质中至关重要的一环。它关乎一个人的价值观、行为准则以及对错善恶的判断标准。一个拥有高尚道德品质的人，能够在生活中秉承正义，尊重他人，诚实守信，具有强烈的社会责任感和奉献精神。这种道德品质的培养，是一个长期而复杂的过程，需要家庭、学校乃至整个社会的共同努力。在快速变化的社会中，道德品质成为个体判断复杂现象、做出正确选择的基础，也是构建和谐社会的重要基础。

知识水平是综合素质的另一个重要维度。随着信息化时代的到来，知识的更新速度日益加快，个体要想在社会中立足，就必须不断学习，提升自己的知识水平。知识不仅包括学校教育中的书本知识，更包括对社会现象、文化背景、科技发展等方面的理解和认识。一个知识水平高的人，能够更好地理解世界，解决问题，并在复杂的社会环境中做出更为合理的决策。

专业技能则是个体在某一领域内的具体能力，是综合素质的重要组成部分。在高度分工的现代社会中，个体需要拥有一技之长，才能更好地实现自我价值，为社会作出贡献。专业技能的培养需要系统的学习和不断的实践，它既包括理论知识的学习，也包括实际操作能力的培养。随着社会的发展和技术的进步，专业技能也在不断地更新换代，这就要求个体持续学习，不断适应新的要求。

身心健康是综合素质中不可或缺的一部分。一个健康的身体是实现个人目标、开展社会活动的基础。同时，良好的心理状态也是个体适应社会、面对挑战的关键。身心健康不仅关系到个人的幸福感，也影响到社会的整体健康水平。因此，促进身心健康，不仅需要个人的自我管理，也需要社会提供健全的医疗保健系统和健康教育。

综合素质的内涵是多方面的，它不仅包括个人的知识技能，更重要的是涵盖了道德品质、社会责任感以及身心健康等非技能方面的素质。在当今社会，随着经济全球化和信息技术的快速发展，综合素质的重要性日益凸显。个人要想在激烈的社会竞争中脱颖而出，就必须全面提升自己的综合素质，包括不断更新知识、提升专业技能、培养良好的道德品质、维护身心健康等。同时，社会也应该为个体提供全面发展的环境和机会，包括高质量的教育资源、丰富的学习和实践平台、健全的医疗保健系统等，以促进每个人的全面发展，为社会的进步贡献力量。在不断变化的世界中，综合素质成为衡量个体能力的重要标准，它不仅代表了个体的当前状态，更指向了未来的发展潜力。

二、内涵广泛

综合素质的概念在现代社会的教育和职场环境中占有举足轻重的地位。

它不仅仅是一个衡量个人能力的尺度，更是个体在复杂多变的社会环境中，展示其综合能力与适应力的重要标志。综合素质的内涵极为广泛，它跨越了传统教育所强调的学科知识和专业技能的界限，深入个人的思想道德素质、创新能力、团队协作能力等多个维度。这些维度的共同体现，构成了一个全面发展的个体，不仅能够在专业领域内展现出色的能力，还能够在社会生活中发挥积极的作用，促进个人与社会的和谐发展。

专业技能和知识掌握的水平是综合素质的基础。在知识爆炸的时代，专业知识的深度和广度成为衡量一个人基本素质的重要指标。专业技能不仅包括理论知识的掌握，更包括将理论知识应用于实践中的能力。这种能力要求个体不仅要有扎实的学科基础，还要具备灵活运用知识解决实际问题的能力。然而，专业技能和知识的掌握仅仅是综合素质的一部分，而非全部。

思想道德素质是综合素质的重要组成部分。在快速变化的社会中，个体面临的道德和伦理挑战也日益增多。具备良好的思想道德素质的个体，能够在面对复杂情况时，做出正确的判断和选择，展现出责任感和使命感。他们以社会公德为行动准则，以诚信为基石，能够在工作和生活中树立良好的道德榜样，促进社会的和谐稳定。

创新能力是当今社会尤为重视的一项素质。在全球化和信息化的背景下，创新成为推动社会进步的核心动力。创新能力不仅仅是发明新产品、提出新观点的能力，更是一种在既有知识基础上进行批判性思考、问题解决和创造性表达的能力。一个具备创新能力的个体，能够看到别人看不到的问题，想到别人想不到的解决方案，他们的思维方式通常具有跨界性，能够将不同领域的知识和技能融合创新，推动社会和科技的发展。

团队协作能力也是现代社会对个体综合素质要求的重要方面。在日益复杂的工作和生活环境中，团队合作成为实现目标的重要途径。具备良好团队协作能力的个体，能够有效沟通、协调关系，促进团队成员之间的信息共享和资源整合。他们懂得尊重和倾听他人意见，能够在差异中寻求共识，在合作中实现共赢。团队协作能力的提高，不仅能够提升个体的社交能力，还能够增强团队的凝聚力和战斗力，为团队目标的实现提供强有力的支撑。

 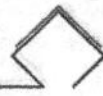

综合素质的内涵广泛且深刻，它涵盖了个体从专业技能到思想道德，再到创新能力和团队协作能力的全方位发展。在当前社会，提高个体的综合素质已经成为教育改革和人力资源开发的重要目标。这不仅是因为综合素质高的个体更能适应社会的发展需求，更是因为这种全面发展的个体能够在促进自我实现的同时，为社会的进步和人类的福祉作出更大的贡献。因此，无论是在教育领域还是在职场环境中，培养和提升个体的综合素质都是一项长远而重要的任务。

三、动态发展性

综合素质的概念是多维的，涉及个人的知识、能力、态度等多个方面，其核心在于个人综合能力的培养和提升。在不断变化的社会环境中，这种综合素质不是静态的，而是具有明显的动态发展性。动态发展性意味着综合素质是在个体不断的学习、实践和体验过程中逐步发展和完善的，这种发展性体现了个体能力成长的过程性和阶段性，同时也强调了环境因素对个体综合素质形成和发展的影响。

社会环境的不断变化提出了新的要求和挑战，对个人的综合素质提出了更高的要求。在这种背景下，个人只有不断学习新知识、掌握新技能、适应新环境，才能保持其综合素质的持续发展和完善。这种动态发展的过程要求个体具备持续学习和自我完善的能力，同时也需要个体能够积极应对外部环境的变化，主动寻求个人成长和发展的机会。

在动态发展的过程中，个人的综合素质不仅仅是知识的积累，更重要的是能力和态度的培养。知识的更新换代速度越来越快，单纯依赖知识的积累已经无法满足社会的需求。因此，如何快速学习新知识、如何有效解决问题、如何适应不断变化的环境成为衡量个人综合素质的重要指标。这就要求个体不仅要有强烈的学习欲望和持续学习的能力，还要有创新思维和解决问题的能力，以及良好的心理素质和社交能力。

动态发展性还意味着综合素质的培养和发展是一个长期的、持续的过程，需要个体在不同的生活阶段，面对不同的环境和挑战，不断调整和优化自己的学习和成长策略，以适应不断变化的社会需求。这一过程不仅涉及个人的主观努力，也需要家庭、学校和社会等多方面的支持和促进。家庭的教育方式、学校的教学质量、社会的学习资源等都会对个人综合素质的发展产生重要影响。

综合素质的动态发展还体现在个人在不同领域和层面上能力的均衡发展。在现代社会，个人往往需要在多个领域内具备一定的知识和能力，才能更好地适应社会的需求。因此，综合素质的培养不仅仅是某一方面能力的提升，更是个体在知识、能力、态度等多个方面均衡发展的过程。这种均衡发展不仅能够帮助个体更好地应对复杂多变的社会环境，也能够促进个体的全面发展和成长。

综合素质的动态发展是个体适应社会变化、实现自我完善和成长的重要体现。这种动态发展不仅要求个体具备持续学习和自我进步的能力，还要求个体能够在不断变化的环境中寻找成长的机会，通过不断的学习、实践和体验，实现综合素质的提升和完善。在这个过程中，个体、家庭、学校和社会的共同努力和支持是不可或缺的。只有这样，个体才能在不断变化的社会环境中保持竞争力，实现个人的全面发展和社会的和谐发展。

四、多元评价

在当今社会，随着教育理念的不断进步和创新，人们对教育质量的评价标准也在发生着深刻的变化。特别是在综合素质教育逐渐成为教育改革的核心内容时，对学生综合素质的评价方法也随之发展成为一个多元化的评价体系。这一评价体系不仅涵盖了学术成就的评价，还广泛包含了品德、创新能力、社会实践能力等多个维度，旨在全面、客观地评价学生的综合素质。

在过去，学校教育往往偏重于学术成绩的评价，这种单一的评价方式忽视了学生个性发展的多样性和复杂性。然而，随着社会的发展和教育观念的更新，人们逐渐意识到仅凭学术成绩无法全面评价一个人的能力与潜力。因此，多元评价体系应运而生，它通过综合考量学生在不同方面的表现，为学生提供了更为广阔的发展空间和可能性。

多元评价体系强调品德的重要性。品德评价主要关注学生的道德观念、价值取向、行为习惯等方面，以培养具有良好品格的社会成员为目的。在这一评价维度中，不仅重视学生的道德行为和社会责任感，还关注其对社会公正、诚信、同情心等核心价值观的认同与践行。通过品德教育和评价，学生能够在日常生活和学习中树立正确的价值观，形成积极向上的人生态度。

创新能力的评价也是多元评价体系中不可或缺的一部分。在知识经济时代，创新是推动社会进步和发展的重要力量。因此，培养学生的创新思维能力成为教育的重要任务。创新能力的评价关注学生的思维灵活性、问题解决能力、创意表达能力等方面，旨在激发学生的创造潜能，引导他们勇于探索、敢于挑战、愿意实践。

社会实践能力的评价同样占据了多元评价体系的重要位置。在快速变化的社会中，仅凭课堂知识是不足以应对复杂的社会问题的。社会实践能力的评价旨在考查学生将理论知识应用到实际生活中的能力，包括团队合作能力、沟通交流能力、服务社会的意识等。通过参与社会实践活动，学生能够深化对知识的理解，增强解决实际问题的能力，同时也能够培养其对社会的责任感和参与感。

多元评价体系是一种全面、客观评价学生综合素质的方法，它综合考量学生在品德、创新能力、社会实践能力等多个维度的表现，旨在培养全面发展的人才。这种评价体系不仅有助于激发学生的潜能，促进其个性化发展，还有助于引导学校教育更加注重学生综合素质的培养，从而更好地适应社会的需求。在实施多元评价时，应注重公平性、科学性和适应性，以确保评价结果的客观性和有效性。只有这样，多元评价体系才能真正成为促进学生全面发展和终身学习的有力工具。

第三节　高职院校学生综合素质的构成要素

一、思想道德素质

在讨论高职院校学生综合素质的构成要素时，特别是思想道德素质，我们需要从多个角度来探索和理解。高职院校作为高等职业技术教育的重要组成部分，不仅培养学生的专业技能，更重要的是促进学生全面发展，其中思想道德素质的培养尤为重要。这是因为思想道德素质不仅关乎个人品德的形成，也是社会文明进步的基石。

思想道德素质的内涵极为丰富，它包括了正确的世界观、人生观和价值观，良好的社会公德、职业道德和家庭美德，以及法律意识和社会责任感等多个方面。这些方面共同构成了高职院校学生应具备的基本道德素质框架。

世界观、人生观和价值观是思想道德素质的核心，它们对个人的行为选择和生活态度有着深远的影响。高职院校学生作为新时代的青年，应当树立正确的世界观，认识到自我与社会、自然的关系，形成积极向上的人生观，明确人生目标和价值追求。这不仅关乎个人的幸福感和成就感，更是实现社会主义现代化建设的人才需求。

社会公德是思想道德素质的重要组成部分，它要求高职院校学生具备良好的社会公德意识，包括遵守社会公共秩序、尊重社会公共利益、关心社会公共事务等。在日益复杂的社会生活中，强化社会公德教育，可以有效促进学生形成正确的社会行为规范，提高他们的社会适应能力和社会责任感。

职业道德是高职院校教育的重点之一。在高职教育中，培养学生的职业道德不仅仅是为了提升他们的专业技能，更重要的是引导他们形成正确的职业观和职业态度，如诚信、负责、敬业和合作等。这对于学生未来的职业生涯发展具有不可估量的影响。

家庭美德作为个人品德的基础，对于高职院校学生的思想道德素质同样重要。家庭是社会的细胞，良好的家庭美德能够帮助学生形成稳定的情感基础，培养他们的责任感、爱心和尊重他人的品质。

法律意识和社会责任感是当代高职院校学生不可或缺的思想道德素质。在法治社会中，增强法律意识，遵守国家法律法规，是每个公民的基本义务。同时，作为新时代的青年，高职院校学生应当具备强烈的社会责任感，积极参与社会公益活动，贡献自己的力量于社会的和谐与进步。

思想道德素质的培养是高职院校教育的核心内容之一。高职院校在培养学生专业技能的同时，更应注重其思想道德素质的全面发展。通过构建多元化的教育体系，实施针对性的教学方法，以及创造良好的校园文化环境，高职院校

可以有效促进学生的思想道德素质提升，为社会培养出更多具有良好思想道德素质的高素质技能型人才。在未来的社会发展中，这些高职院校毕业生将成为推动社会进步的重要力量，实现社会的全面发展。

二、科学文化素质

高职院校学生的综合素质是指学生在学习、思维、品德、身心健康等多方面的素质表现。其中，科学文化素质作为综合素质的重要组成部分，在高职院校学生的教育培养中具有重要的地位和作用。科学文化素质不仅关乎学生的学术水平，更涉及学生的思维方式、问题解决能力以及社会适应能力等方面。

基础科学知识是高职院校学生科学文化素质的重要组成部分之一。高职院校学生需要掌握的基础科学知识涵盖了自然科学和社会科学的多个领域，包括但不限于数学、物理、化学、生物、地理、历史、政治、经济等。这些基础科学知识是学生理解世界、认识事物的基础，对于学生的学术发展和专业学习都具有重要意义。通过学习基础科学知识，学生能够建立起对自然规律和社会现象的理解，从而更好地应对日常生活中的各种情境和问题。

人文社会科学知识也是高职院校学生科学文化素质的重要组成部分之一。人文社会科学知识涵盖了人类社会发展的方方面面，包括人类历史、社会文化、政治制度、经济发展等。了解人文社会科学知识可以帮助学生更好地理解社会现象和人类行为，培养学生的社会责任感和文化素养。同时，人文社会科学知识也有助于学生拓展视野，增强跨学科的综合能力，提升解决实际问题的能力。

除了掌握基础科学知识和人文社会科学知识，学生还需要具备运用这些知识解决问题的能力。这是科学文化素质的核心，也是高职院校教育的重要目标之一。学生通过学习科学知识和人文知识，不仅要能够从理论上理解这些知识，更要能够将其运用到实际生活和工作中去，解决实际问题。这种能力需要学生具备扎实的理论基础，同时也需要学生具备良好的实践能力和创新思维，能够灵活运用所学知识，提出新的观点和解决方案。

科学文化素质还包括了学生的科学思维能力和创新能力。科学思维是指学生通过科学方法和逻辑思维来分析问题、解决问题的能力。具有科学思维能力的学生能够准确地理解问题的本质，有条理地组织和表达自己的观点，能够进行批判性思考，不轻易为表面现象所迷惑。创新能力是指学生在解决问题或者面对挑战时能够提出新的观点、新的方法或者新的解决方案的能力。具有创新能力的学生能够打破传统思维定式，勇于尝试新的思路和方法，不断探索和实践，从而取得更好的成果。

科学文化素质还涉及学生的信息素养和跨学科综合能力。信息素养是指学生能够有效获取、评估和利用信息的能力，包括信息搜索、信息筛选、信息分析和信息应用等方面。在信息爆炸的时代，具有良好的信息素养是学生应对复杂社会环境的重要能力之一。跨学科综合能力是指学生能够跨越学科界限，整合各种学科知识，解决复杂多样的问题的能力。在现实生活和工作中，很少有问题是单一学科可以解决的，而是需要多学科的综合应用。具有跨学科综合能力的学生能够更好地适应未来社会的发展需要，成为具有竞争力的人才。

高职院校学生的科学文化素质包括了基础科学知识、人文社会科学知识，问题解决能力、科学思维能力、创新能力、信息素养和跨学科综合能力等多个方面。这些素质相互交织、相互促进，共同构成了学生的综合素质，对于学生未来的学习、工作和生活都具有重要意义。因此，高职院校应该重视科学文化素质的培养，通过创新教学方法和课程设置，全面提升学生的科学文化素质，培养出更多具有国际竞争力的高素质人才。

三、专业技能素质

高职院校学生综合素质的构成要素是一个综合性的概念，它不仅包括学生的学科知识水平，还涉及学生的思维品质、人际沟通能力、实践能力等多个方面。其中，专业技能素质是高职院校学生综合素质中至关重要的一部分，它指的是学生在所学专业领域内所具备的技能和操作能力。

专业知识的应用能力是构成高职院校学生专业技能素质的重要因素之一。这包括学生对所学专业知识的深刻理解和灵活运用能力。在高职院校的学习过程中，学生们通过课堂学习、实验实践、项目设计等方式，掌握了大量的专业

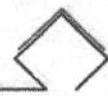

知识。然而，单纯地掌握知识是远远不够的，更重要的是能够将所学知识应用到实际工作中去解决问题。这就要求学生具备一定的创新能力和解决问题的能力，能够灵活运用所学知识，针对具体情况提出解决方案，并将其付诸实践。

实践能力也是构成高职院校学生专业技能素质的重要组成部分。在高职院校的教育体系中，实践教学被视为培养学生专业技能的重要途径。学生们通过实验、实习、实训等实践活动，不仅可以加深对理论知识的理解，还能够掌握一定的操作技能和实际工作经验。具备良好的实践能力意味着学生能够熟练运用各种工具和设备，具备较强的动手能力和操作技能，能够胜任各种实际工作任务。此外，实践能力还包括学生的团队合作能力和组织管理能力，能够与他人有效地合作，协调资源，完成团队任务。

除了专业知识的应用能力和实践能力，高职院校学生的专业技能素质还应包括创新能力和问题解决能力。创新能力是指学生具备开拓创新的思维意识和创造能力，能够在专业领域内提出新的观点、新的方法和新的解决方案。在快速变化的社会和经济环境下，创新能力已经成为衡量一个人综合素质的重要标准之一。高职院校的学生应具备不断学习、不断创新的意识，能够积极主动地探索新的领域，不断提升自己的专业水平。同时，问题解决能力也是一个人在专业领域内是否具备竞争力的重要指标。面对各种复杂的问题和挑战，学生应具备分析问题、解决问题的能力，能够迅速准确地找出问题的根源，并提出有效的解决方案。

高职院校学生的专业技能素质还包括终身学习能力和跨学科综合能力。随着科技的发展和社会的进步，许多行业都面临着快速变化和不断更新的挑战。因此，学生应具备不断学习的意识和能力，能够主动适应新的知识和技术，不断提升自己的专业素养。此外，跨学科综合能力也是一个人在职场上脱颖而出的重要因素之一。现代社会对人才的需求不仅仅局限于某一个领域，而是需要具备多方面知识和技能的综合型人才。因此，高职院校的学生应该具备跨学科的综合能力，能够在不同领域之间灵活运用所学知识和技能，解决复杂的问题。

高职院校学生的专业技能素质是一个多维度的概念，它不仅包括学生对专业知识的掌握和应用能力，还包括学生的实践能力、创新能力、问题解决能力、终身学习能力和跨学科综合能力等多个方面。这些能力相互交织、相辅相成，共同构成了一个学生在特定专业领域内的综合素质。高职院校应通过优化课程设置、加强实践教学、提升教学质量等方式，全面提升学生的专业技能素质，为其顺利就业和未来职业发展打下坚实的基础。

四、身心健康素质

身心健康素质在第三节“高职院校学生综合素质的构成要素”中扮演着至关重要的角色。这一要素的涵盖范围广泛，包括了学生的身体健康、心理健康以及社会适应能力。而这些方面的健康状况直接关系到学生在学业、生活和社会中的表现和发展。因此，身心健康素质不仅是学生综合素质培养成功的基础条件，也是他们全面发展的必要保障。

身体健康是身心健康素质的重要组成部分。一个人的身体健康状况直接影响其学习和生活的质量。在高职院校，学生需要面对繁重的学业压力和快节奏的生活方式，而一个身体健康的学生能够更好地应对这些挑战。良好的身体健康状态使学生能够保持精力充沛，拥有良好的学习状态，更能够积极投入课堂学习和实践活动中去。此外，身体健康还直接关系到学生的生活质量和生活习惯。良好的生活习惯和健康的生活方式有助于预防疾病，提高生活质量，促进身心健康的全面发展。

心理健康也是身心健康素质的重要组成部分。在高职院校，学生面临着来自学习、生活和社交等方面的各种压力和挑战。良好的心理健康状态是学生有效应对这些挑战的关键。心理健康不仅包括了对压力的适应能力，还包括了积极乐观的心态、良好的情绪表达和情绪调节能力等方面。一个心理健康的学生能够更好地处理学习和生活中的困难和挫折，保持积极向上的心态，更有利于自身的成长和发展。因此，高职院校应该注重学生心理健康教育，提供心理咨询和心理健康指导服务，帮助学生建立正确的人生观和价值观，提高心理韧性，增强心理健康水平。

社会适应能力是身心健康素质的另一个重要组成部分。在高职院校，学生

不仅需要适应学习和生活的环境，还需要适应社会中各种不同的人际关系和社会角色。一个具有良好社会适应能力的学生能够更好地融入集体，与他人建立良好的人际关系，更好地参与团队合作和社会实践中去。而社会适应能力的提升需要学生具备一定的社会交往能力、沟通能力、合作能力等。因此，高职院校应该通过开展各种社会实践活动和团队合作项目，培养学生的社会适应能力，帮助他们更好地适应社会环境，增强自身的综合素质。

身心健康素质作为高职院校学生综合素质的重要构成要素，涵盖了学生的身体健康、心理健康和社会适应能力。这些方面的健康状况直接关系到学生在学业、生活和社会中的表现和发展。因此，高职院校应该重视学生身心健康素质的培养，通过提供健康教育、心理健康指导和社会实践等方式，全面提升学生的身心健康水平，为其综合素质的培养奠定坚实的基础。

第四节　高职院校学生综合素质培养的理论基础

一、全人教育理念

全人教育理念是一种关于教育的哲学观念，其核心思想是教育应该关注学生的全面发展，不仅包括智力层面的培养，还包括道德、身体和审美等方面的培养，旨在为学生的终身发展奠定基础。

全人教育理念强调个体的全面发展。学生们来自不同的家庭背景和社会环境，拥有各自独特的个性和特长。传统的教育模式往往过于注重学科知识的传授，忽略了学生个体差异性和多元化发展的需求。而全人教育理念则强调了个体的全面发展，包括智力、道德、身体和审美等多个方面。学生不仅需要获得专业技能，还需要培养良好的道德品质、健康的体魄以及审美情趣，这有助于他们在未来的职业生涯中更好地适应多样化的社会环境和工作要求。

全人教育理念强调培养学生的综合素质。在传统的教育模式下，学校往往将学生划分为不同的学科类别，各自独立发展，缺乏综合性的培养。然而，在现代社会，综合能力成为衡量一个人素质的重要指标。高职院校的学生在职业发展中需要具备较强的综合能力，包括批判性思维、创新能力、沟通能力、团队合作能力等。全人教育理念强调的是培养学生的全面素质，这为他们提供了更广阔的发展空间，有助于他们在职业生涯中更好地应对复杂多变的挑战。

全人教育的理念强调培养学生的创新精神和实践能力。在传统的教育模式下，学生往往只是被动地接受知识，缺乏对知识的主动探索和实践应用能力。然而，在现代社会，创新能力和实践能力成为越来越重要的素质。高职院校的学生需要具备较强的实践能力，能够将所学知识应用于实际工作中，并不断进行创新和改进。全人教育理念强调的是培养学生的创新精神和实践能力，这为他们在未来的职业生涯中更好地发挥自己的才能提供了重要支持。

全人教育理念强调培养学生的社会责任感和公民意识。在现代社会，个人的发展不仅仅是为了自身利益，还需要考虑到社会的整体利益。高职院校的学生作为未来社会的一员，需要具备较强的社会责任感和公民意识，能够为社会的发展和进步作出积极贡献。全人教育理念强调的是培养学生的社会责任感和公民意识，这有助于他们树立正确的人生观和社会观，成为具有社会责任感的合格公民。

全人教育理念为高职院校学生综合素质培养提供了重要的理论基础。通过强调个体的全面发展、培养综合能力、创新精神和实践能力以及社会责任感和公民意识，全人教育理念为高职院校的教育教学工作提供了重要的指导思想，有助于学校更好地培养出适应现代社会需求的高素质专门人才。

二、能力本位教育理论

能力本位教育理论是指教育应以培养学生的实际能力为本位，而不仅仅是灌输知识。这一理论强调的是学生的能力培养，包括知识的应用能力和实践能力等方面。在高职院校学生综合素质培养中，能力本位教育理论具有重要的理论基础，对于培养学生全面发展和适应社会需求具有重要的指导意义。

能力本位教育理论强调实际能力的培养。在传统的教育模式中，往往过分注重知识的传授，而忽视了学生实际能力的培养。然而，知识只有在实际应用中才能发挥其最大的价值。因此，高职院校应该注重培养学生的实际能力，使

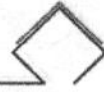

他们具备解决问题、创新思维、团队合作等能力，从而更好地适应未来职业发展的需求。

能力本位教育理论强调学生的知识运用能力。在当今社会，知识的更新速度非常快，而单纯的知识掌握往往无法适应复杂多变的社会环境。因此，高职院校应该培养学生灵活运用知识解决实际问题的能力，让他们具备独立思考和创新的能力，而不仅仅是死记硬背知识点。

能力本位教育理论还强调实践能力的培养。实践是检验理论的重要手段，只有通过实践，学生才能真正理解所学知识，并将其运用到实际工作中。因此，高职院校应该注重为学生提供实践机会，让他们在实际项目中学习和实践，培养解决实际问题的能力，提升自己的综合素质。

在能力本位教育理论的指导下，高职院校的教育教学应该转变思路，从传统的课堂教学模式向注重实践、注重能力培养的方向转变。具体来说，高职院校可以通过以下几个方面来实施能力本位教育理论。

调整课程设置，注重实践教学。高职院校可以优化课程设置，增加实践性课程，如实验课、实训课等，让学生在实际操作中学习知识，培养其解决问题的能力。

改变教学方法，注重能力培养。传统的教学方法主要以讲授为主，学生被动接受知识。而能力本位教育理论强调学生的主体地位，要求教师采用多种教学方法，如案例分析、项目式教学等，激发学生的学习兴趣，培养其自主学习和解决问题的能力。

加强实践环节，提供实践机会。高职院校可以与企业合作，开展校企合作项目，让学生参与实际项目，深入了解行业需求，培养其解决实际问题的能力，并为其未来就业提供更好的准备。

加强评价体系，注重能力评价。高职院校的评价体系应该更加注重对学生能力的评价，而不仅仅是对学生知识掌握程度的考核。可以采用多种评价方法，如考试、作业、项目评价等，以全面评价学生的能力水平，促进其全面发展。

能力本位教育理论为高职院校学生综合素质的培养提供了重要的理论

基础。高职院校应该以此为指导，转变教育教学模式，注重培养学生的实际能力，提升其综合素质，更好地适应社会需求，为社会发展和经济建设作出贡献。

三、终身学习理念

终身学习理念在高职院校学生综合素质培养中扮演着至关重要的角色。这一理念强调学习是一个贯穿人生始终的过程，是适应社会和工作环境不断变化的关键。在高职院校中，培养学生具备终身学习的能力，不仅是一项重要任务，更是一种教育理念的体现。

终身学习理念是对社会发展的响应。随着科技和社会的不断进步，知识的更新速度越来越快，新技术、新理念层出不穷。传统的一劳永逸的学习模式已经无法满足现实的需求。因此，教育必须引导学生养成终身学习的习惯，不断更新知识和技能，以适应社会发展的变化。高职院校的学生作为未来劳动力的重要来源，必须具备持续学习的能力，才能在竞争激烈的社会中立于不败之地。

终身学习理念是对个体成长的需求。在当今社会，人们的职业生涯已不再是一成不变的。随着个人的成长和发展，职业选择、职业发展也在不断变化。而适应这种变化的关键在于持续学习，不断提升自己的能力和素质。高职院校的学生正处在人生发展的关键阶段，他们需要在学校期间培养起终身学习的意识和习惯，以应对未来的种种挑战。

终身学习理念也是对个体发展的保障。随着科技的飞速发展和知识的爆炸性增长，许多传统的职业已经面临被淘汰的危险。只有不断学习，不断更新自己的知识和技能，才能保证个体在职场中的竞争力和生存能力。高职院校的学生在学习过程中，应该注重培养自主学习和批判性思维能力，不仅仅是为了应对当前的考试，更是为以后的职业生涯做好充分准备。

终身学习理念也对学校教育的改革提出了新的要求。传统的教育模式强调的是传授知识，而忽视了学生的主动性和创造性。而终身学习理念强调的是培养学生的自主学习和持续学习的能力，要求学校从课堂教学到课外活动都要给予学生足够的自由，鼓励他们主动探索、独立思考。高职院校的学生不应该成为被动接受知识的对象，而应该成为积极主动的学习者和探索者。

终身学习理念也是对社会的责任。作为高职院校的一分子，学生应该意识到自己不仅仅是个体，更是社会的一部分。他们应该为社会的发展作出积极的贡献，而终身学习正是实现这一目标的重要途径。只有不断学习，不断提升自己的素质，才能更好地为社会服务，回馈社会。

四、多元智能理论

多元智能理论是由美国心理学家霍华德·加德纳于20世纪80年代提出的，他认为人的智能不是单一的、固定的，而是由多种不同类型的智能组成的，每种智能都独立存在，互相之间没有必然联系。这一理论颠覆了传统的智力观念，强调了个体在不同领域具有不同的潜能和优势，因此教育应该根据学生的多元智能特点进行个性化的培养。

多元智能理论将智能划分为九种主要类型：语言智能、逻辑数学智能、空间智能、音乐智能、身体运动智能、人际关系智能、自我认知智能、自然观察智能和存在智能。每种智能都是人类基因和环境共同作用的结果，每个人在这些智能方面的发展程度和表现形式都有所不同。因此，教育应该以培养学生的多种智能为目标，通过多样化的教学方法和活动来促进学生全面发展。

在高职院校学生综合素质培养中，多元智能理论提供了重要的理论基础和指导意义。多元智能理论强调个体差异和个性发展，高职院校学生来自不同的家庭背景、教育水平和兴趣爱好，具有各种不同的智能特点和潜能。因此，教育者应该充分了解学生的多元智能特点，设计个性化的教学方案，满足学生的发展需求。

多元智能理论提倡多样化的教学方法和评价方式。传统的教学模式往往偏重于语言和逻辑数学智能的培养，忽视了其他类型智能的发展。然而，通过多种教学方法，如艺术表演、实践操作、团队合作等，可以激发学生不同类型智能的潜能，提高他们的学习积极性和参与度。同时，评价方式也应该多元化，不仅要注重知识和技能的掌握，还要关注学生在其他智能领域的表现，如情感态度、实践能力等。

多元智能理论强调综合素质的全面发展。高职院校的教育目标不仅是培养学生的专业技能，更要注重其综合素质的提升，包括创新能力、沟通能力、领导能力等。通过多元智能理论的指导，教育者可以设计丰富多彩的课程和活动，培养学生的综合素质，使其在未来的职业生涯中具备更强的竞争力。

多元智能理论提供了个性化教育的理论基础。每个学生都具有独特的智能构成和学习方式，教育者应该根据学生的特点和需求，灵活调整教学内容和方法，为其提供个性化的学习支持。通过了解学生的多元智能特点，教育者可以更好地发挥其潜能，实现个性化发展目标。

多元智能理论为高职院校学生综合素质的培养提供了重要的理论支持和指导意义。教育者应该充分认识到学生的多元智能特点，设计多样化的教学方案，促进学生在各个智能领域的全面发展，实现个性化教育目标。只有这样，才能更好地满足社会对高素质人才的需求，推动高职教育事业的发展。

第二章　我国高职院校学生综合素质培养的发展历程

第一节　提出阶段

一、背景与缘起

在21世纪初，随着经济全球化和知识经济时代的到来，世界各国，特别是中国，开始面临着前所未有的挑战和机遇。经济全球化不仅加速了全球资本流动和商品贸易，也促进了信息技术和知识传播的快速发展。在这一背景下，知识经济时代的到来将创新和知识转化为经济增长的主要动力，对人才的需求也从传统的以劳动力为主转变为以知识和技能为主。面对这一变革，中国认识到提升国民经济和社会发展的关键在于提高人力资源的质量，尤其是技术技能型人才的培养，这使得高等职业教育成为国家发展战略的重要组成部分。

高等职业教育，在这一历史阶段，被寄予了厚望。它旨在培养具有实用技能和创新能力的技术技能人才，以满足经济社会发展对高素质劳动力的需求。这种教育类型的特点是强调理论与实践的结合，注重培养学生的职业技能和综合素质，以适应快速变化的职业需求。因此，高职院校学生综合素质的培养成了教育改革的一个重点。

在高职教育领域，综合素质的培养不仅仅局限于专业技能的学习，更包括创新能力、团队合作能力、沟通能力、自主学习能力等非技术性素质的培养。这种综合素质的培养模式旨在使学生不仅能够掌握一技之长，更能够在未来的职业生涯中不断学习和适应新环境，成为能够推动社会和经济发展的复合型人才。

然而，高职院校在推进综合素质教育的过程中也遇到了诸多挑战。首先是传统教育观念的束缚，这种观念往往过分强调知识的传授而忽视能力的培养。其次，高职院校资源配置不均，尤其是一些地区和学校在师资力量、教学设施等方面存在不足，这限制了教育质量的提升。此外，与产业界的脱节也是一个问题，高职院校的教学内容和方法有时不能及时反映市场需求和技术发展的最新趋势。

为了解决这些问题，国家和高职院校采取了一系列措施。在国家层面，出台了多项政策支持高等职业教育的发展，如加大财政投入、优化专业设置、促进校企合作等。高职院校则通过改革教学内容和方法，强化实践教学，建立健全校企合作机制，以及加强师资队伍建设等措施，致力于提高教育质量和学生的综合素质。

这一阶段的努力取得了显著成效。高等职业教育在人才培养规模和质量上都有了大幅提升，为中国经济社会发展输送了大量高素质技术技能人才。这些人才的加入不仅推动了产业结构的升级和技术创新，也促进了社会就业和人民生活水平的提高。

21世纪初期，中国高等职业教育的快速发展和改革，是对经济全球化和知识经济时代挑战的积极响应。通过不断提高高职教育质量和学生综合素质，中国正在培养出一批批适应新时代要求的高素质技术技能人才，这对于促进国家的可持续发展具有重要意义。尽管面临诸多挑战，但通过政府、学校和社会各界的共同努力，高等职业教育未来的发展前景仍然光明。

二、教育政策的支持

随着经济全球化和科技快速发展，对高技能人才的需求日益增长，这推动了对高等职业教育体系的深入思考和持续改革。在这一背景下，政府及相关教育部门出台了一系列政策文件，旨在支持和引导高等职业教育的发展。这些政策不仅着重于专业技能的培养，更强调了学生综合素质的提升，包括创新能力、实践能力和人文素养等方面。本文将探讨这些政策的具体内容、实施效果以及面临的挑战，旨在提供一个全面的视角来理解当前高等职业教育的发展态势。

关于政府和教育部门所出台的政策文件，它们共同构成了一个支持高等职业教育发展的政策框架。这些政策明确了高等职业教育的重要性，认为在当今经济和社会发展中，高等职业教育不仅是人才培养体系的重要组成部分，也是国家竞争力的关键因素。因此，政府加大了对高等职业教育的投入，包括财政资金的支持、政策环境的优化和制度创新等方面。

这些政策文件中的一个重要方向是强调专业技能与综合素质并重的人才培养模式。传统上，职业教育可能更多地集中在技能的直接培养上，而忽视了学生创新能力、批判性思维、人文素养等方面的培育。然而，在当前复杂多变的社会环境和经济环境中，这种单一的培养模式已经难以满足社会的需求。因此，政策文件中提出，高等职业教育应该促进学生全面发展，让学生不仅要有坚实的专业知识和技能，还要具备良好的创新意识、实践能力和人文关怀。

为了实现这一目标，相关政策提出了多元化的教育方法和教学模式。例如，通过校企合作、工学结合的方式，让学生在实践中学习，在工作中提升。这不仅有助于学生理论知识与实践技能的融合，更能激发学生的创新潜能，提高其解决实际问题的能力。同时，课程体系的改革也着力于增加人文社会科学的内容，旨在培养学生的人文素养，提高其社会责任感和伦理道德水平。

政策还强调了教师队伍建设的重要性。教师是决定教育质量的关键因素，高水平的教师队伍是实现高质量教育的基础。因此，政策中提出了加强教师培训、提升教师素质、引导教师进行教育教学改革等措施。

这些措施旨在建设一支既懂专业技能，又具备良好教育理念和方法的教师队伍。尽管政府和教育部门已经出台了一系列支持措施，但高等职业教育的发展仍面临诸多挑战。例如，校企合作模式的实施效果与预期还存在一定差距，企业参与教育的积极性不高，合作模式和机制仍需进一步优化。同时，高等职业教育的社会认可度也需要提高，社会对职业教育的偏见和误解仍然存在，这在一定程度上影响了学生和家长的选择。

政府及相关教育部门出台的一系列政策文件为高等职业教育的发展提供了有力的支持和明确的方向。这些政策不仅强调了专业技能的培养，更重视学生综合素质的提升，旨在培养既懂技能又具备创新能力、人文素养的复合型人才。未来，随着这些政策的进一步实施和优化，高等职业教育有望实现更加全面和深入的发展，更好地服务于社会和经济的需求。

三、教育理念的转变

在教育领域，高职院校教育理念的转变是一个深刻而复杂的过程，涉及教学方法、课程内容、学生评价系统以及教师角色等多个维度。这一阶段的转变，标志着高职院校从传统的知识传授型教育模式，转向更加注重能力培养和综合素质提升的教育理念。这种转变不仅反映了教育领域对于人才培养目标和路径认识的深化，也体现了社会发展需求对教育内容和方式提出的新挑战。

这一转变的背景是全球化和信息化对传统教育模式提出的挑战。随着经济社会的快速发展，工业化向信息化、智能化转变，对高素质技术技能人才的需求日益增加。这种变化要求高职院校不仅要传授专业知识，还要培养学生的实践能力、创新能力和综合素质，以适应社会发展的需要。因此，传统的以知识传授为主的教育模式已难以满足新时代人才培养的要求，教育理念的转变成为高职院校发展的必然选择。

教育理念的转变体现在教学内容和方法的创新上。在新的教育理念指导下，高职院校开始重视实践教学和项目驱动教学，通过工作坊、实训基地等形式，增强学生的实践操作能力和问题解决能力。同时，课程体系也在不断优化更新，更加注重跨学科知识的融合，以及信息技术等现代技术的应用，旨在培养学生的创新意识和综合素质。此外，以学生为中心的教学理念逐渐成为高职院校教学改革的重要导向，鼓励学生主动学习、探索知识，以培养学生的自主学习的能力和终身学习的意识。

教育理念的转变也要求教师角色的转变。在新的教育模式下，教师不再仅仅是知识的传递者，更是学生学习的引导者和促进者。这要求教师不仅要有扎实的专业知识，还要具备引导学生探究学习、合作学习的能力，以及应对快速变化教育技术的能力。因此，高职院校在教师培训和职业发展上也进行了相应的改革，加强教师的继续教育和专业技能培训，鼓励教师进行教学创新和科研

活动，以提升教学质量和教育效果。

教育理念的转变还体现在学生评价体系的改革上。为了更好地反映学生的综合素质和能力，高职院校开始探索多元化、综合性的评价方式，不仅关注学生的知识掌握情况，还重视学生的实践能力、创新能力和社会责任感等非智力因素。通过项目评价、同伴评价、自我评价等多种评价方式，旨在激发学生的学习动机，促进学生全面发展。

高职院校教育理念的转变是对传统教育模式的一次深刻反思和积极创新。这一转变不仅涉及教育目标和内容的更新，还包括教学方法、教师角色和评价体系的全面改革。通过这一系列的改革，旨在培养适应社会发展需求的高素质技术技能人才，为学生的终身发展和社会的可持续发展作出贡献。尽管这一过程充满挑战，但通过不断的探索和实践，相信高职院校能够实现教育理念的创新发展，为社会培养出更多具有创新精神和实践能力的优秀人才。

四、实践探索的初步

在当今社会，综合素质的培养成为教育改革的关键点之一，尤其是对于高职院校的学生来说，不仅要有扎实的专业知识，更要具备良好的团队协作能力、社会责任感和实践能力。正是基于这样的认识，各高职院校根据自身的条件和特色，开始尝试开展一系列综合素质培养的实践活动。这些活动主要包括学生社团活动、社会实践和服务学习等，旨在通过多元化的实践渠道，为学生提供一个广阔的舞台，使他们在实践中学习，在学习中成长，从而全面提升自身的综合素质。

学生社团活动作为高职院校综合素质培养的重要组成部分，为学生提供了一个展示自我、实现自我价值的平台。在这些活动中，学生不仅可以根据自己的兴趣爱好选择合适的社团，而且还能在活动的组织和参与过程中，锻炼自己的组织协调能力、沟通能力和团队合作能力。例如，通过策划和组织一次文化艺术节，学生不仅能够展示自己的才华和创造力，同时也能在与他人的合作中学习如何更好地沟通和协作。这种通过实践活动锻炼和提升的过程，对于学生未来的职业发展具有不可估量的价值。

社会实践活动是另一种重要的综合素质培养方式。通过参与社会服务、调研项目等活动，学生能够走出校园，亲身体验社会的复杂性和多样性，从而增强自己的社会责任感和实践能力。在这个过程中，学生不仅能够将所学的理论知识与实际相结合，还能够通过解决实际问题来培养自己的创新意识和解决问题的能力。例如，在参与乡村振兴的项目中，学生可以运用所学知识为乡村的发展出谋划策，既能够增进对专业知识的理解和应用，又能够增强自己的社会责任感和实践能力。

服务学习作为一种新型的教学模式，将服务社会的行动与学习过程相结合，使学生在为社会服务的同时获得学习和成长。通过这种方式，学生不仅能够理解和感受到自己的行动对社会的正面影响，还能在实践中深化对所学知识的理解和掌握。这种模式强调学以致用，鼓励学生将课堂上学到的知识应用到实际的社会服务中，从而实现知识与实践的有效结合。

实践探索的初步尝试虽然取得了一定的成效，但在实施过程中也面临着一些挑战和困难。例如，如何保证活动的质量和效果，如何激发学生的参与热情和创新意识，如何建立有效的评价和激励机制等都是需要解决的问题。因此，高职院校在开展综合素质培养实践活动时，需要不断探索和完善，根据学生的实际需要和社会的发展需求，设计更加多样化、个性化的实践活动，创新实践教学的方法和手段，建立科学合理的评价体系，从而更好地促进学生综合素质的全面提升。

高职院校通过学生社团活动、社会实践和服务学习等实践活动的开展，为学生提供了丰富多彩的实践平台，使他们在参与中学习、在实践中成长。这些活动不仅有助于学生全面提升自身的综合素质，也为他们将来步入社会、服务社会奠定了坚实的基础。在未来的教育改革和发展中，高职院校应继续加强对综合素质培养的重视，不断探索和创新，为学生的全面发展提供更加广阔的空间和更多的可能性。

第二节　发展阶段

一、教育内容的丰富

在当前的教育格局中，随着社会的快速发展和科技的不断进步，对高素质技术技能人才的需求日益增长。这一趋势对高职院校提出了更高的要求，促使其不断优化教育内容，拓展教育维度，以培养更加符合时代需求的技术技能人才。在这一背景下，教育内容的丰富成为高职院校发展的一个显著特点，特别是在综合素质培养方面的实践变得更加深入和系统，教育内容变得更加多元化。

职业道德教育的强化是教育内容丰富化的重要体现。在高职院校的教育体系中，职业道德教育不再是简单的道德讲堂，而是通过各种形式和途径，如案例分析、角色扮演、社会实践等，深入学生心智，使学生能够在实际工作中自觉遵守职业道德标准，树立正确的职业价值观和职业形象。这种教育模式的转变，不仅提升了学生的职业素养，也为社会输送了有责任感、有道德底线的技术技能人才。

创新创业教育的深入实施是教育内容多元化的又一重要方面。在当前经济全球化和市场经济条件下，创新能力和创业精神已成为技术技能人才必备的素质之一。高职院校通过开设创新创业相关课程、建立创新创业平台、举办各类创新创业大赛等形式，激发学生的创新思维和创业热情，培养学生的问题发现能力、问题解决能力及风险承担能力。这不仅有助于学生未来的职业发展，也为社会的经济发展注入了新的活力。

跨文化交流能力的培养成为教育内容丰富化的一个新的增长点。在全球化的今天，跨国合作日益频繁，跨文化交流能力已成为技术技能人才的一项重要能力。高职院校通过设置跨文化交流课程、组织国际交流活动、鼓励学生参与国际竞赛等方式，加强学生的跨文化沟通能力，提高学生的国际视野和文化敏感度。这种能力的培养，不仅有利于学生将来在国际舞台上的竞争和合作，也有助于增进不同文化之间的理解和尊重，促进世界的和平与发展。

教育内容的丰富在高职院校的发展阶段中展现出其独特的价值和意义。通过强化职业道德教育、深入实施创新创业教育、加强跨文化交流能力的培养，高职院校不仅能够满足社会对高素质技术技能人才的需求，也能够引领学生实现自身价值的最大化，为社会的可持续发展贡献力量。未来，高职院校应继续探索教育内容的丰富化路径，不断创新教育模式，以适应社会发展的需要，培养更多具有高素质和高技能的人才，共同迎接更加复杂多变的未来挑战。

二、教学方法的创新

在当今这个快速变化的时代，教育方式和教学方法的创新变得尤为重要。高等职业教育作为培养高技能人才的重要阵地，其教学方法的创新不仅是适应社会发展的需要，更是提升教育质量和效率的关键。在这一背景下，高职院校开始大力推广项目式学习、情境模拟、实习实训等教学方法，同时注重利用现代信息技术如网络课程、虚拟仿真实验等丰富教学手段，以提高学生的实践操作能力和解决问题的能力。这些创新教学方法的实施，标志着高职教育教学方式的重大转变和进步，对于提升学生的职业能力和就业竞争力具有重要意义。

项目式学习，作为一种富有成效的教学方法，在高职院校中得到了广泛应用。这种方法通过将学生置于真实或接近真实的工作项目中，让学生在完成具体项目任务的过程中学习知识和技能。项目式学习的特点是强调学生的主体性，鼓励学生自主探索、协作交流，通过解决实际问题来达到学习的目的。这种学习方式不仅能够增强学生的实践能力和创新能力，还能提高学生的团队协作精神和项目管理能力。在实施项目式学习时，教师的角色从传统的知识传授者转变为指导者、协助者和评价者，更加注重引导学生如何学习，如何思考，如何解决问题。

情境模拟作为另一种重要的教学方法，在高职教育中同样占有重要位置。通过模拟真实工作环境和工作情境，让学生在仿真的工作环境中学习和应用知识，以提高学生的专业技能和工作适应能力。情境模拟教学法能够为学生提供一个接近实际工作环境的学习平台，使学生在学习过程中能够更好地理解和掌握专业知识，提前适应未来的职业角色。此外，情境模拟还可以增强学生的情景感知能力和紧急情况下的应变能力，为学生日后的职业生涯打下坚实的基础。

实习实训，作为高职教育不可或缺的一部分，其重要性不言而喻。通过与企业合作，建立实习实训基地，学生可以在真实的工作环境中进行学习和实践。这种直接参与生产实践的教学方式，可以使学生的理论知识与实际操作相结合，极大地提高学生的实践操作能力和综合职业能力。实习实训不仅能够帮助学生更好地理解专业知识，还能提升学生的社会实践能力和就业竞争力。

随着信息技术的迅速发展，高职院校也开始利用网络课程、虚拟仿真实验等现代信息技术丰富教学手段。网络课程使得学习资源更加丰富多样，学习时间和空间更加灵活，极大地提高了教学的效率和效果。而虚拟仿真实验，则通过高度仿真的虚拟环境，让学生能够在无风险的情况下进行实验操作练习，这不仅降低了教学成本，还提高了学生的安全性。这些基于信息技术的教学方法，有效地拓宽了教学方式和手段，为学生提供了更加个性化、多样化的学习选择。

高职院校在教学方法上的创新，是对传统教学模式的重大突破和优化，它不仅能够提高教学效率和质量，更能够培养学生的实践能力、创新能力和解决问题的能力。通过项目式学习、情境模拟、实习实训等方法的应用，以及现代信息技术的利用，高职教育正逐渐形成一套更加适应时代发展、更加符合学生需求的教育体系。这些教学方法的创新不仅对学生个人的成长和发展具有重要意义，对于促进社会经济的发展和提升国家竞争力也具有不可估量的价值。随着教育教学方法的不断创新和完善，未来的高职教育将会培养出更多具有高素质、高技能的专业人才，为社会的可持续发展作出更大的贡献。

三、校企合作的深化

校企合作，作为教育与产业紧密结合的重要载体，近年来在全球范围内得到了广泛推广和深化。尤其是在高职院校教育中，这一模式不仅推动了教育体系的创新发展，也为企业培养了大量符合行业需求的高素质技术技能人才。通过合作教育、实习实训、订单培养等多种形式，校企合作已成为连接教育与产业发展的桥梁，为学生提供了深入了解和接触行业前沿技术和管理经验的机会，显著提升了其职业素养和实践能力。

合作教育模式的核心在于教育资源的共享与优化配置。高职院校与企业之间的紧密合作，使得教育过程不再是封闭的单向传授，而是变成了开放的、双向互动的学习模式。企业不仅提供了丰富的实践平台和先进的技术设备，还将最新的行业动态、技术革新和管理理念带入课堂，让学生在学习的同时，能够直观地感受到行业的发展脉络和未来趋势。这种教育模式的转变，极大地提高了教育的实效性和针对性，让学生能够更加直接地了解职业岗位的实际需求，为将来的职业生涯奠定坚实的基础。

实习实训是校企合作中最为直观和有效的合作方式之一。通过企业提供的实习岗位和实训基地，学生可以亲身体验工作环境，参与真实的项目开发和产品制作过程。这种亲身参与不仅能够让学生在技能上得到实质性的提升，更重要的是，它能够培养学生的团队合作意识、解决问题的能力以及面对压力的心理素质，这些都是书本上难以学到的宝贵经验。同时，企业也可以通过实习实训这一平台，直接观察和评估学生的工作表现和职业潜力，为日后的人才选拔和招聘提供参考。

订单培养模式则更加突出了企业对人才培养的直接参与和需求导向。在这种模式下，企业根据自身的人才需求，与高职院校共同制订培养方案，明确学生的学习目标和实践要求。这种高度定制化的教育方案，不仅保证了教育内容的实用性和前瞻性，也使学生的培养更加符合市场的实际需求。通过订单培养，学生能够在毕业之时就已经具备了进入特定行业工作的能力和素质，极大地提高了其就业竞争力。

然而，校企合作的深化并非没有挑战。如何平衡教育的公共属性与企业的利益诉求，如何保证教育质量在合作过程中不被忽视，以及如何构建长期稳定的合作关系，都是亟待解决的问题。此外，随着技术的快速发展和产业的不断变革，如何使校企合作的内容保持更新和前瞻性，也是一个重要的课题。

校企合作在高职院校综合素质教育中的重要性不言而喻。它不仅为学生提供了一个了解行业、提升能力的平台，也为企业培养了大量符合需求的优秀人才。未来，随着教育和产业的进一步融合，校企合作将继续深化和创新，为教育事业和社会经济的发展作出更大的贡献。为此，需要政府、教育机构和企业等多方面的共同努力和支持，不断探索和完善合作模式，共同推动校企合作向更深层次、更广领域发展。

四、评价体系的建立

在当前教育领域，尤其是高等职业教育的发展过程中，评价体系的建立成为推动学生全面发展、提高教学质量的关键因素之一。高职院校作为专门培养高素质技术技能人才的教育机构，其评价体系的构建不仅关乎学生个人的成长和发展，也关系到学校教育质量的提升和社会需求的满足。因此，构建一个科学合理、全面评价学生综合素质的评价体系显得尤为重要。

评价体系的建立需要基于多元化的评价理念。传统的教育评价体系过于侧重学生的学业成绩，忽视了技能水平、创新能力、社会实践等方面的评价，这与高职教育培养应用型、技能型人才的宗旨不符。因此，高职院校在建立评价体系时，必须采取多元化的评价标准，不仅要评价学生的知识掌握情况，也要评价学生的技能水平、实践能力、创新精神和社会责任感等。这种多元化的评价方式更加全面地反映了学生的综合素质，有助于激发学生的潜能，促进其全面发展。

评价体系的建立应注重过程性评价。与仅在学期末通过考试进行结果性评价不同，过程性评价强调在教学过程中对学生进行持续的观察和评价，包括课堂参与、作业完成情况、项目实施过程等方面。这种评价方式能够更真实地反映学生的学习过程和学习效果，帮助教师及时了解学生的学习状况，调整教学策略，同时也能够鼓励学生积极参与学习过程，形成良好的学习习惯。

评价体系的建立需结合校内外资源，实现社会参与的评价。高职教育强调理论与实践的结合，因此评价体系不应仅限于校内教师的评价，还应引入行业企业、社会机构等外部力量参与学生评价。这种社会参与的评价方式能够使评价结果更加客观公正，同时也能够使学生在学习过程中更好地了解行业需求，提高其就业竞争力。

评价体系的建立还应注重反馈机制的构建。有效的反馈机制能够让学生及时了解自己的学习情况和存在的不足，促进自我改进和提高。因此，高职院校在建立评价体系时，应建立及时、有效的反馈机制，定期向学生反馈评价结果，提供改进建议，同时也鼓励学生主动寻求反馈，积极参与自我评价和互评。

评价体系的建立是一个动态调整的过程。随着社会需求的变化、教育理念的更新和科技的发展，评价体系也应不断进行优化和调整，以适应教育发展的新要求。高职院校应建立起评价体系的定期评估和修订机制，通过收集和分析数据，评估评价体系的有效性和科学性，不断完善评价标准和方法，确保评价体系能够科学合理地指导和评价学生的综合素质培养。

高职院校在建立评价体系时，需要从多元化评价、过程性评价、社会参与评价、反馈机制建设以及动态调整等方面进行考虑。通过构建科学合理、全面评价学生综合素质的评价体系，不仅能够促进学生的全面发展，提高其综合素质，也能够提升教学质量，更好地满足社会对高素质技术技能人才的需求。这样的评价体系既是对传统评价体系的挑战，也是对教育改革的有力支撑，对高职教育的长远发展具有重要意义。

第三节 完善阶段

一、教育理念的深化

在当代教育领域，随着全球化和信息化时代的到来，教育改革已成为各国普遍关注的焦点。特别是对于高职院校，这一改革不仅仅是课程内容和教学方法的更新换代，更深层次地体现在教育理念的深化上。这一深化体现在对学生个体差异的重视、个性化教育的提倡，以及对学生综合素质培养的关注上，其目的在于激发学生的潜能，培育其成为能够适应未来社会需要的人才。

高职院校在教育改革中越来越重视学生的个体差异。在过去，教育往往采用“一刀切”的教学方式，忽视了学生之间在兴趣、学习能力和发展潜力上的差异。然而，随着教育理念的更新，人们开始意识到每个学生都是独一无二的，他们对知识的吸收和反应方式各不相同。因此，高职院校开始尝试更加灵活多样的教学方法，如项目式学习、翻转课堂等，以适应不同学生的学习需求。通过这种方式，学生能够根据自己的兴趣和特长选择最适合自己的学习路径，从而更好地发挥其潜能。

个性化教育的提倡成为高职院校教育改革的重要方向。个性化教育不仅关注学生知识的获取，更重视学生能力的培养和个性的发展。这种教育理念的实施，要求教师能够深入了解每位学生的特点，设计出符合每个学生发展需要的教学计划和活动。这不仅可以提高学生的学习动力和兴趣，还能帮助学生在学习过程中发现自我、认识自我，最终实现自我价值的提升。

综合素质培养的重视是高职院校教育改革的另一重要方面。在知识爆炸的今天，单纯的知识学习已经无法满足社会的需求。社会对于人才的要求不仅仅是掌握一定的专业知识，更重要的是具备解决问题的能力、创新精神和终身学习的能力。因此，高职院校开始更多地关注学生的核心素养培养，如批判性思维、创新精神、团队合作能力和沟通能力等。通过各种实践活动、项目合作等方式，学生在实际操作中学习，在解决问题中成长，为其未来的职业生涯打下坚实的基础。

这一系列的教育改革措施，无疑加深了教育理念的内涵。从以往的知识传授转变为能力培养，从单一的教学模式转变为多样化的学习方式，从忽视学生差异转变为重视个性化教育，这些变化反映了教育的本质——培养学生成为适应社会发展的综合型人才。

教育理念的深化不仅是高职院校教育改革的重要内容，也是其必然趋势。随着社会的不断发展和科技的不断进步，教育理念的深化和教育改革的推进将更加注重培养学生的创新能力、批判性思维和终身学习能力。通过这些教育改革的实施，可以有效地提升学生的综合素质，使其不仅适应当前的社会需求，更能够预见并引领未来的发展趋势。因此，持续推进教育理念的深化和教育改革的实施，对于高职院校乃至整个社会的发展都具有重要意义。

二、教育模式的创新

在面临新时代的挑战与机遇时，高职院校作为高等教育体系中的重要组成部分，肩负着培养高素质技术技能人才的重任。这不仅需要院校在教学内容、教学方法等传统领域进行持续的优化和升级，更重要的是要在教育模式上进行深刻的创新和革新，以适应经济社会发展的新要求。近年来，高职院校紧密围绕“工学结合”“学用结合”的人才培养模式，以及“互联网+教育”的现代教育技术应用，开展了一系列具有前瞻性的教育模式创新实践，有效提升了教育的质量和效率，为培养新时代所需的技术技能人才提供了有力支撑。

“工学结合”的人才培养模式是高职院校教育创新的重要方向。这一模式旨在通过紧密结合工作实践与学习过程，使学生能够在实际工作中学习和应用理论知识，从而提高学生的职业技能和综合素质。高职院校通常与企业建立密切的合作关系，通过实习实训、工学交替等形式，让学生直接参与企业的生产、管理、研发等活动，这不仅能够使学生理解和掌握专业知识，还能够增强学生的实践能力、创新能力和社会适应能力。同时，企业参与学生培养过程，也有助于教育内容和培养方案更贴近行业需求，提高教育的针对性和实效性。

“学用结合”的人才培养模式强调理论与实践、学习与应用的紧密结合。高职院校在这一模式下，通过课堂教学、实验实训、项目驱动、案例分析等多种教学方法，引导学生将所学知识应用到解决实际问题中，增强学生的问题解决能力。此外，高职院校还注重培养学生的自主学习能力和终身学习观念，鼓励学生通过网络资源、在线课程等方式，进行自我拓展和提升。这种教育模式的实施，使得学生能够在学习过程中形成以问题为导向的学习方法，不仅提升了学生的专业技能，还促进了学生创新意识和创造能力的发展。

“互联网+教育”的应用是高职院校教育模式创新的又一亮点。随着信息技术的飞速发展，互联网已成为人们获取信息、交流沟通、自我学习和发展的重要平台。高职院校充分利用互联网技术，开发了大量的在线课程和虚拟仿真实验室，为学生提供了更加灵活多样的学习方式和更加丰富多彩的学习资源。这种教育模式的创新，不仅拓宽了学生的学习渠道，还促进了教育资源的优化配置和高效利用，极大地提高了教育的质量和效率。同时，互联网技术的应用，也为教师的教学方法和手段提供了新的可能，促进了教育教学模式的创新和发展。

高职院校还注重培养学生的国际视野和跨文化交流能力，通过开展国际交流项目、引进国外优质教育资源等方式，提升学生的全球竞争力。同时，高职院校也不断探索校企合作、产教融合的新模式，通过建立产教融合实践教育基地、共建共享实训平台等方式，加强学校与企业的深度合作，进一步提升教育的实践性和应用性。

高职院校在教育模式的创新上不断探索和实践，通过"工学结合""学用结合"的人才培养模式，以及"互联网＋教育"的应用，有效提升了教育质量和效率，为社会培养了大量高素质技术技能人才。这些创新实践不仅响应了新时代经济社会发展的需求，也为全球高职教育的发展提供了有益的经验和借鉴。在未来，高职院校还将继续加强教育模式的创新，不断提升教育质量和水平，为社会经济可持续健康发展作出更大的贡献。

三、国际交流与合作

在全球化的今天，国际交流与合作已成为教育领域的重要组成部分，特别是对于高职院校而言，这一点显得尤为重要。随着世界经济的一体化和科技的飞速发展，国际的相互依存性日益加深，高职院校作为培养专业技术人才的重要基地，加强与国际高等教育机构的交流与合作，不仅能引入国外先进的教育理念和教学方法，还能显著提升学生的国际视野和跨文化交流能力，为学生将来在全球化背景下的就业与发展奠定坚实基础。

加强国际交流与合作能够为高职院校带来先进的教育理念和教学方法。众所周知，不同国家和地区在教育理念和教学方法上存在差异，这些差异往往蕴含着各自的教育智慧和创新点。通过与国际高等教育机构的紧密合作，高职院校能够借鉴和吸收国外的先进教育理念，如学生中心、项目导向、工作场景模拟等，这些理念能够使教学活动更加贴近实际，提高学生的学习兴趣和实践能力。同时，国外的教学方法如翻转课堂、案例教学、在线混合学习等，也能够为高职院校的教学改革提供新的思路和方案，使教育教学更加高效和个性化。

加强国际交流与合作能够显著提升学生的国际视野和跨文化交流能力。在全球化背景下，拥有国际视野和良好跨文化交流能力的人才日益成为社会的宝贵资源。通过参与国际交流项目，如留学、国际竞赛、国际合作项目等，学生不仅能够深入了解其他国家和地区的文化、经济、政治等方面的知识，还能在实际交流中锻炼自己的语言能力和跨文化沟通技巧，这对于培养学生的全球竞争力和国际合作能力具有重要意义。

加强国际交流与合作还能够促进高职院校的国际化进程。随着全球化的深入发展，国际化已成为衡量高等教育机构综合实力的一个重要指标。高职院校通过与国际知名高等教育机构的合作，不仅能够提升自身的国际声誉和影响力，还能吸引更多国际学生和学者，为学校带来多元化的教育资源和学术视角。这种国际化的学术环境不仅有利于提高教学水平和研究水平，还能促进学校内部文化的多样性和包容性，为所有师生提供更加开放和国际化的学习与研究环境。

加强国际交流与合作也面临着一系列挑战，如文化差异、语言障碍、资金限制等。为了有效应对这些挑战，高职院校需要采取一系列措施。首先，高职院校应加强师资队伍的国际交流培训，提升教师的国际化教学能力和跨文化交流能力。其次，高职院校应积极探索多种国际交流与合作模式，如建立国际联合实验室、开展国际联合培养项目等，以实现资源共享和优势互补。再次，高职院校还应加大对国际交流与合作项目的投入，为学生参与国际交流提供更多的支持和便利。最后，高职院校应加强与政府、企业等社会各界的合作，共同推动高职教育的国际化进程。

加强国际交流与合作对于高职院校而言具有重要的战略意义。它不仅能够促进教育教学的改革与创新，提升学生的国际视野和跨文化交流能力，还能推动高职院校的国际化进程，为学校的长远发展提供新的动力和机遇。在全球化的大背景下，高职院校应积极拥抱国际交流与合作，通过不断深化与国际高等教育机构的合作，为培养适应国际社会需求的高素质技术技能人才作出更大贡献。

四、持续改进与创新

在当今日新月异的时代背景下，高职院校综合素质培养的持续改进与创新显得尤为重要。这不仅是对高等职业教育应对快速变化的社会需求的直接回应，也是对高职教育自身发展模式和教育质量持续提升的内在要求。在这一过程中，学校、教师和学生三方的共同参与，构建了一个促进创新和持续改进的良好教育生态环境，使得高职院校能够更加灵活和有效地适应新时代的需求，培养出既具有专业技能又具备良好综合素质的人才，为他们的全面发展和终身成长奠定了坚实的基础。

高职院校的持续改进与创新体现在教育理念的更新上。随着社会对人才需求的多样化，传统的教育模式已经难以满足现代社会的需要。高职院校积极引入和融合国内外先进的教育理念，如生态教育、全人教育、终身教育等，强调学生主体性、实践能力和创新能力的培养。这种理念的更新，促进了教育内容、教学方法和评价体系等方面的改革，使得教育更加注重学生个性化发展和能力的全面提升。

高职院校在教育模式上的创新也是持续改进不可或缺的一环。为了适应新时代的需求，高职院校不断探索与行业紧密结合的人才培养模式，如校企合作、工学结合等，通过实习实训、项目驱动教学等方式，将理论知识与实际操作相结合，增强学生的实践操作能力和解决实际问题的能力。此外，高职院校还积极探索在线教育、混合式学习等新型教学模式，利用现代信息技术提高教学效率和质量，为学生提供更加灵活多样的学习途径。

高职院校的教师队伍建设也是持续改进与创新的重要方面。教师是教育质量的关键，高职院校通过建立多元化的教师发展体系，鼓励教师参与专业技能和教育教学能力的双向提升，定期组织教师参加业界实践和学术交流，增强教师的实践经验和创新能力。同时，通过引进行业专家和优秀企业家进入教学团队，使得教学更加贴近实际，增加了教学的现实意义和应用价值。

高职院校还非常重视学生个性化发展和创新精神的培养。通过设置创新创业教育课程、建立学生科技创新平台、举办各类创新创业竞赛等方式，激发学生的创新意识和创业精神，培养学生独立思考和解决问题的能力。同时，高职院校还注重培养学生的社会责任感和国际视野，通过社会实践、国际交流等活动，增强学生的综合素质，为其全面发展和终身成长提供坚实的基础。

高职院校的持续改进与创新还体现在对教育成果的评价与反馈机制上。建立多元化、全方位的教育质量评价体系，不仅要关注学生的学业成绩，更要重视学生的能力提升、个性发展和社会适应性等方面。通过定期的教育质量评估和反馈，学校能够及时调整教育策略和改进教育方法，确保教育质量的持续提升。

高职院校学生综合素质培养的持续改进与创新是一个复杂而持久的过程，需要学校、教师和学生三方的共同努力和参与。只有不断探索和实践，才能形成适应新时代需求的人才培养模式，为学生的全面发展和终身成长奠定坚实的基础，为社会培养出更多具有创新能力和实践能力的高素质技术技能人才。

第三章　高职院校学生思想道德素质的培养

第一节　思想道德素质的内涵与重要性

一、定义解析

思想道德素质是在人类社会长期发展、积累和文化传承中形成的一种非常重要的内在品质，其不仅仅是个体行为表现的外在规范，更是个体内在精神世界和价值观的体现。在快速变化的现代社会中，思想道德素质的内涵与重要性越发显得重要和复杂，涉及个人发展、社会和谐以及文化传承等多个层面。

思想道德素质主要包括三个方面：思想认识、价值观念和道德行为。首先，思想认识是基础，指的是个体对于自我、社会、自然和存在的基本认知和理解，它影响着个体的世界观、人生观和价值观。其次，价值观念是核心，代表了个体在面对多元价值选择时的倾向性和取向，它决定了个体对于善与恶、美与丑的判断和选择。最后，道德行为是表现，是思想认识和价值观念在实际生活中的具体体现，包括遵守社会规范、尊重他人、诚信守信、公平正义等。

从更深层次来看，思想道德素质不仅仅关乎个体的道德行为，更关系到个体的精神世界和心理健康。高度的思想道德素质，能够促进个体形成积极向上的人生态度，培养出对生活的热爱、对工作的敬业和对社会的责任感。此外，它还与个体的自我认知、自我管理能力紧密相关，帮助个体在面对复杂多变的社会环境时，能够做出理性判断，遵循内心的道德指引，展现出坚韧不拔的品质和良好的适应能力。

高度的思想道德素质是个人实现自我价值、实现健康成长的基石。它不仅能够指导个体做出正确的道德判断和行为选择，而且能够促进个体形成正面的心理状态，对抗生活中的逆境和挑战。在宏观层面上，思想道德素质的普遍提升是维护社会和谐、促进社会稳定的关键。一个拥有高道德标准的社会，能够促进公民间的互相尊重、互助合作，有效防止社会冲突的发生，为社会的持续健康发展提供坚实的道德基础。思想道德素质还是文化传承的重要载体。通过家庭教育、学校教育和社会实践等多种方式，优秀的思想道德观念和行为模式被传递和弘扬，形成了一种强大的文化软实力，对于民族精神的塑造和文化的长远发展具有不可估量的作用。

思想道德素质的内涵与重要性是多方面的，它不仅是个体适应社会、实现自我价值的重要基础，也是社会实现和谐、文化得以传承的重要保障。在当下这个充满变革和挑战的时代，提升个体的思想道德素质，不仅需要个人的自觉努力，更需要家庭、学校和社会的共同关注和支持。只有这样，才能形成全社会共同推动思想道德素质提升的良好氛围，为构建更加和谐美好的社会奠定坚实的基础。

二、重要性

思想道德素质是一个人综合素养中的重要组成部分，它直接关系到个体的认知水平、行为准则、价值取向以及与他人的互动方式。在当今社会，随着科技和社会的发展，人们对思想道德素质的重视程度越发增加。本文将探讨思想道德素质的内涵及其重要性。

思想道德素质的内涵涵盖了多个方面。从思想层面来看，它包括对世界观、人生观、价值观的形成和认同，以及对历史文化、科学知识等的了解和思考能力。思想的清明与否直接决定了个体对于事物的认知和处理方式，对于解决问题、面对挑战具有重要的指导意义。从道德层面来看，它涉及个人的品德、行为规范以及对他人的尊重和关爱程度。一个人的道德水平往往反映在其日常行为和处事态度中，涉及是否诚实守信、是否尊重他人、是否具备同理心等方面。综合来看，思想道德素质涉及个体思维和行为的方方面面，是一个人综合素养的重要组成部分。

思想道德素质的重要性不言而喻。首先，它对于个人的全面发展至关重要。一个人若想要在人生道路上取得成功，除了具备一定的专业技能外，还需要具备较高的思想道德素质。这包括正确的世界观、人生观，积极向上的价值取向，以及善良正直的品德。只有这样，个人才能在各个方面得到充分的发展，实现自身的价值。其次，思想道德素质对于形成健康的人际关系至关重要。一个人的道德水平直接决定了他与他人相处的方式和效果。如果一个人具备高尚的品德和善良的心灵，他就能够赢得他人的尊重和信任，从而建立良好的人际关系，这对于个人的身心健康和社会适应能力都至关重要。再次，思想道德素质还直接影响着社会的凝聚力和秩序稳定。一个社会中如果大多数人都具备良好的思想道德素质，就能够形成和谐稳定的社会氛围，促进社会的繁荣和进步。相反，如果个体的思想道德素质低下，就会导致社会上出现各种各样的问题和矛盾，甚至可能引发社会动荡和不稳定。最后，思想道德素质对于个人的职业发展也具有重要的影响。在竞争激烈的职场上，除了专业技能外，良好的品德和道德修养往往成为衡量一个人是否适合某个职位的重要标准。只有具备高尚的品德和良好的职业道德，个人才能在职场上脱颖而出，取得更好的职业发展。

思想道德素质作为个人全面发展的重要组成部分，对于个人和社会都具有不可或缺的重要性。在当今社会，我们应当高度重视思想道德素质的培养和提升，通过各种途径和方式，不断弘扬社会主义核心价值观，倡导良好的道德风尚，促进全社会的思想道德素质水平的提高，共同建设一个和谐、文明的社会。

三、教育目标

思想道德素质是指一个人在思想和行为上所具备的道德品质和道德修养，是评价一个人综合素质的重要标准之一。在高职院校中，培养学生的思想道德素质是一项重要的教育目标，因为这直接关系到学生的人生观、世界观和价值观的形成，也决定了学生将来成为社会的何种角色。

思想道德素质的内涵在于培养学生正确的世界观、人生观和价值观。在当今社会，价值观的多元化和相互碰撞使得学生在成长过程中很容易受到各种价值观的影响，因此高职院校要通过系统教育来引导学生树立正确的世界观和人生观。正确的世界观应该是客观的、全面的，让学生了解到世界的多样性和复杂性，不断拓展视野，避免偏见和狭隘。正确的人生观则应该是积极向上的，让学生树立正确的人生目标和追求，培养学生勇于面对挑战、乐观向上的品质。正确的价值观则是建立在对人类文明和社会发展规律的认识基础上，使学生具备正确的道德判断能力和价值取向，注重公平、正义、诚信等道德品质，同时也要注重个人责任感和社会责任感的培养。

思想道德素质的内涵还包括培养学生良好的心理素质和行为素质。心理素质是指一个人的心理健康程度和心理适应能力，是保持良好思想道德素质的基础。在高职院校中，学生面临着学业压力、生活压力等各种压力，而良好的心理素质可以帮助他们更好地应对挑战，保持乐观向上的心态，不轻易被困难击倒。同时，良好的行为素质也是思想道德素质的重要组成部分，包括遵纪守法、尊重他人、友善待人、团队合作等。这些良好的行为素质不仅能够促进学生个人的成长，也能够为他们未来的职业生涯奠定良好的基础。

思想道德素质的培养是高职院校教育的根本任务之一。高职院校不仅要为学生提供专业技能的培训，更要为他们的综合素质提升提供保障。一个人的思想道德素质决定了其行为举止、处事态度和社会责任感，直接影响到他们在社会中的表现和角色定位。只有通过培养正确的世界观、人生观和价值观，才能够使学生成为有用的社会成员，为社会的发展进步贡献自己的力量。

思想道德素质的培养是实现高职院校教育目标的重要途径。高职院校的教育目标不仅仅要培养学生的专业技能，更要培养学生的综合素质，使其具备全面发展的能力。而思想道德素质的培养是实现这一目标的重要途径之一。只有学生具备了正确的世界观、人生观和价值观，才能够拥有健康的心理素质和良好的行为素质，从而在职业生涯中取得更好的发展。

思想道德素质的培养也是构建和谐校园、促进师生关系和谐的重要保障。在一个拥有良好思想道德素质的校园环境中，师生之间能够建立起良好的互信和尊重，学生之间也能够形成良好的相互关系。这种和谐的校园氛围不仅有利于学生的学习和成长，也能够提高教学效果，促进学校的稳定发展。

高职院校作为职业教育的重要环节，培养学生思想道德素质是其重要的教育目标之一。思想道德素质的培养涉及学生正确的世界观、人生观和价值观的树立，良好的心理素质和行为素质的培养，对于学生的个人发展和社会进步都具有重要意义。通过系统教育，高职院校可以帮助学生树立正确的人生目标，培养积极向上的品质，从而使他们成为有用的社会成员。

第二节　高职院校学生思想道德素质的现状分析

一、思想觉醒期

在探讨高职院校学生思想道德素质的现状时，我们首先需要认识到，这个群体正处于人生中极为关键的思想觉醒期。这一时期，学生们在人生观、价值观的形成过程中显得尤为脆弱和易受影响。他们对于新鲜事物充满好奇，接受能力强，但这同样意味着他们面对负面信息和思想时，抵御能力相对较弱，容易受到影响。

随着互联网和社交媒体的普及，高职院校学生接触到的信息日益广泛，但信息的真假难辨，质量参差不齐。他们在享受信息爆炸带来的便利的同时，也面临着识别信息真伪的挑战。部分学生缺乏必要的辨识能力，容易接受错误的价值观和人生观，比如盲目崇拜网络红人，追求物质享受而忽视精神追求，这些都是当前高职院校学生思想道德素质现状中亟须关注的问题。

当前高职院校学生普遍存在的价值观模糊不清也是一个不容忽视的问题。在快速变化的社会中，传统价值观念与现代价值观念发生冲突，导致一部分学生在价值取向上出现迷茫。他们在面对人生重大选择时，往往难以做出决定，甚至产生逃避现实的倾向。这种价值观的不稳定，不仅影响了他们的个人发展，也对他们未来的社会适应能力构成了威胁。

随着社会竞争的加剧，一些高职院校学生承受着巨大的学习和就业压力。这种压力在一定程度上削弱了他们的道德意识和社会责任感。一些学生在追求个人成功和实现自我价值的过程中，可能会忽视诚信和公平竞争的原则，采取不正当的手段来达成目标，如考试作弊、剽窃他人作品等。这种行为不仅损害了他们自身的道德形象，也破坏了学术的公正性和诚信体系。

对于高职院校学生来说，社会实践机会相对有限也是一个突出问题。由于部分高职院校地理位置偏远、实习资源匮乏，学生们难以获得充分的社会实践机会。这直接导致他们在理论知识和实践能力之间存在较大的脱节，对于社会现实的认知和理解不足，难以形成正确的社会责任感和集体荣誉感。

高职院校学生的自我管理能力不足也是一个不可忽视的问题。由于部分学生缺乏自律，他们在日常生活和学习中往往难以合理安排时间，易受到网络游戏、社交媒体等的干扰，导致学习成绩不佳，甚至出现旷课、辍学等现象。这种自我管理能力的缺失，不仅影响了他们的学业发展，也会对他们的未来就业和生活造成不利影响。

高职院校学生在思想道德素质方面存在一系列问题，包括面对信息时辨识能力弱、价值观模糊不清、道德意识和社会责任感缺失、社会实践机会有限以及自我管理能力不足等。这些问题的存在，不仅影响了学生们的个人成长和发展，也给他们未来融入社会、贡献社会带来了挑战。因此，对高职院校学生的思想道德素质进行全面而深入的分析，对于提升他们的整体素质，促进其健康成长具有重要意义。

二、道德观念多元化

在探讨当前高职院校学生思想道德素质的现状时，我们不得不面对一个显著且复杂的现象——道德观念的多元化。这种多元化不仅反映在社会层面，更深刻地影响到了高职院校学生群体。在信息爆炸、全球化交流日益频繁的今天，学生们接触到的思想观念和价值观念更加广泛，这在一定程度上丰富了他们的视野，但同时也带来了一系列挑战和问题。

道德观念的多元化导致了价值观念的混淆。在过去，社会的道德观念相对单一，学生们在家庭、学校乃至整个社会的熏陶下，形成了较为统一的价值观念和道德标准。然而，随着互联网的普及和全球化的推进，不同文化背景下的价值观念交织碰撞，使得学生们在面对何为“善”“恶”的判断时，往往显得犹豫不决。他们在广泛的信息来源中接触到了各种各样的观点和理念，这些观点和理念往往相互冲突，缺乏一个清晰的评价标准，导致一部分学生在价值观念的选择上显得游移不定，难以坚持正确的道德判断和选择。

道德观念的多元化导致了道德标准的模糊化。在多元文化共存的环境中，一些原本被视为绝对的道德规范变得不再那么明确。例如，在某些文化中，个人利益高于集体利益被看作自我实现的一种方式，而在传统的道德观念中，这种行为可能被认为是自私的。这种差异使得学生在判断个人行为是否符合道德规范时感到困惑。他们很可能在不同的道德标准间徘徊，难以做出选择，甚至可能在无意中采纳了与社会主流价值观念相悖的标准。

道德观念多元化可能导致学生的责任感和社会责任感弱化。在面对众多且相互矛盾的道德观念时，一些学生可能采取相对主义的态度，认为所有的观点都有其合理性，从而对任何观点都持宽容态度。这种态度虽然在一定程度上促进了思想的开放性，但也可能使学生在面对道德决策时，缺乏明确的立场和判断，进而影响到他们对社会责任和个人责任的认识。

道德观念的多元化加剧了代际之间的道德观念冲突。许多高职院校学生在接受现代教育的同时，仍然生活在传统的家庭结构中。在这种情况下，他们不仅要面对来自外界的多元道德观念，还要处理与父母或长辈之间在价值观上的差异。这种代际差异往往导致了家庭内部的冲突，进一步增加了学生在道德选择上的困惑和压力。

道德观念的多元化还可能导致学生产生道德相对主义的倾向。面对各种各样的道德观点和价值判断，一些学生可能会采取一种“一切皆对”的态度，认为没有绝对的道德标准，一切都取决于个人的选择和判断。这种观点虽然表面上看似开放和包容，但实际上可能会削弱学生判断是非、区分善恶的能力，长此以往，可能会导致道德底线的缺失，对个人乃至社会造成不利影响。

道德观念的多元化为高职院校学生的思想道德素质带来了前所未有的挑战。在这种背景下，如何帮助学生在众多复杂的道德观念中做出正确的选择，建立起稳固而清晰的价值观，是当前教育领域面临的一个重要问题。虽然这里我们不讨论具体的解决方案，但显然，这是一个需要教育工作者、学生、家庭乃至整个社会共同努力的长期课题。

三、社会责任感不足

在当代社会，高职院校学生作为国家未来发展的重要力量，其思想道德素质的培养尤为重要。然而，在实际情况中，一些学生在思想道德素质方面表现出多方面的问题，尤其是在社会责任感不足这一方面问题尤为突出。这不仅影响了学生个人的全面发展，也对社会的和谐稳定和可持续发展造成了潜在的威胁。

社会责任感的不足在高职院校学生群体中表现得尤为明显。社会责任感是指个体对社会有益的行为的内在驱动力，它要求个体能够超越个人利益，关注公共利益，主动承担起对社会、对他人的责任。然而，当前一部分高职院校学生过于注重个人利益的追求，忽视了对社会的贡献和责任，这种自我中心的价值观导致了他们对社会责任感的缺失。

缺乏对公共利益的关注也是社会责任感不足的一大表现。在日常生活中，部分学生对于环境保护、公共设施的爱护等公共利益问题表现出一定的冷漠态度。例如，公共场所乱丢垃圾、破坏公物等现象在学生中时有发生，这些行为不仅破坏了公共环境，也反映出了他们对公共利益缺乏应有的重视和维护。

奉献精神的缺失也是高职院校学生社会责任感不足的重要方面。奉献精神是指个体愿意无偿为社会或他人提供帮助的精神状态。当前，一些学生在面对社会需要帮助的人或事时，往往选择袖手旁观，缺乏主动去帮助他人的意愿和行动。这种态度的背后，是对于个人角色和社会责任认识的淡薄，以及奉献精神的严重缺失。

集体荣誉感的缺失也是导致社会责任感不足的一个重要原因。集体荣誉感是个体对所属集体的成就和荣誉感到自豪和珍视的心理状态。在一些高职院校中，学生缺乏对集体的归属感和荣誉感，这导致他们在集体活动中表现出较低的参与度和热情，不愿意为集体的利益付出努力。

这种社会责任感不足的现象，与当前社会环境、教育体系、家庭教育以及个人价值观等多方面因素有关。首先，社会环境的快速变化，市场经济的高度发展，强调个人竞争和成功，可能导致一些学生过分关注个人利益，而忽视社会责任和公共利益。其次，教育体系中对于思想道德教育和社会责任教育的不足，也是导致学生社会责任感不足的一个重要原因。最后，家庭教育中对于个人品德和社会责任培养的忽视，以及个人价值观的偏差，共同作用于学生的思想道德素质，导致了社会责任感的普遍不足。

高职院校学生在社会责任感方面存在显著的不足，这种不足体现在以自我为中心、对公共利益关注的缺乏、奉献精神的缺失以及集体荣誉感的缺乏等多个方面。要想从根本上改善这一现状，需要社会、学校和家庭等多方面的共同努力，形成一个全社会重视和促进高职院校学生社会责任感培养的良好环境。尽管本文不探讨解决方案，但深入理解问题本身，已是解决问题的第一步。

四、法治意识待提高

在当代社会，高职院校学生作为新时代的青年力量，他们的思想道德素质直接关乎社会的未来和发展。然而，从现状来看，高职院校学生在思想道德素质方面存在一些问题，尤其是在法治意识方面更是显得尤为突出。这些问题不仅影响了学生个人的全面发展，也对社会的和谐稳定产生了不小的影响。

高职院校学生对法律法规的认识不足。虽然在当前的教育体系中加入了法治教育的内容，但实际效果并不理想。许多学生对法律的了解仅停留在表面，对法律条文的具体内容、法律背后的精神和原则缺乏深刻的理解。这种表面的认识难以转化为内心的尊重和遵守，导致学生在遇到具体问题时，无法正确运用法律知识来判断和处理。

部分高职院校学生缺乏法治意识。尽管多数学生表面上认同法律的重要性，但在实际生活中，真正能够做到严格遵守法律法规的却是少数。这背后反映出的是学生的法治意识薄弱，对法律的尊重和遵守缺乏内在的动力。在一些具体情境下，如网络环境中的版权保护、日常交往中的合同诚信等问题上，学生往往因缺乏足够的法治意识而做出了违法或打擦边球的行为。

高职院校学生对法律责任的认识不清。许多学生对于违法行为可能带来的后果认识不足，对法律责任的轻重缺乏正确的判断。这导致他们在面对选择时，可能因为一时的冲动或侥幸心理，做出违反法律法规的行为。例如，一些学生可能会认为小额盗窃、网络侵权等行为不会受到严厉的法律制裁，因而忽视了法律的约束力，进一步削弱了法治意识的形成。

法治教育的方式方法亟须改进。当前高职院校在进行法治教育时，往往采取传统的课堂讲授方式，缺乏互动性和实践性，难以激发学生的学习兴趣和参与度。这种单向的知识传授方式，使得学生对法治知识的学习显得枯燥乏味，难以产生深刻的认识和体会。法治教育的内容和形式未能与学生的实际生活紧密结合，使得教育效果大打折扣。

高职院校法治教育资源分配不均也是导致学生法治意识不强的一个重要原因。一些高职院校在资源配置上存在偏差，法治教育的资源、师资力量不足，无法满足学生对法治知识的学习需求。此外，社会实践机会的缺乏，使得学生难以通过实践活动来加深对法治知识的理解和应用，进一步削弱了法治教育的实效性。

高职院校学生的法治意识存在诸多问题，这些问题的存在不仅影响了学生个人的道德修养和法治素质的提高，也对社会的法治环境和文明进步构成了挑战。因此，针对上述问题，加强和改进高职院校学生的法治教育显得尤为迫切。只有通过有效的教育和实践，培养学生深刻的法治意识，才能为构建和谐社会、推进国家治理体系和治理能力现代化贡献力量。

第三节　思想道德素质培养的途径与方法

一、加强思想政治教育

在当今社会，思想道德素质培养是培养全面发展的人才的重要内容。它不仅关系到个人的成长、发展，也关系到社会的和谐与进步。

思想政治教育是加强和改进思想道德素质培养的重要途径之一，通过传授思想政治理论知识，培养人们的社会责任感、历史使命感，个体能够树立正确的世界观、人生观和价值观。在全球化和信息化日益发展的今天，思想政治教育面临着新的挑战和机遇，如何适应新时代的要求，提高思想政治教育的针对性和有效性，成为一个重要课题。

加强思想政治教育需要深化内容的更新和改革。这意味着思想政治教育不仅要传授经典的马克思主义理论，还要结合当代中国的实际和时代的发展，不断丰富和完善教育内容。例如，强调社会主义核心价值观的培育，将其融入日常的教学和实践中，使之成为引导学生思想道德建设的灵魂。

加强思想政治教育还需创新方法和手段。随着新媒体技术的发展，传统的课堂教学已经不能完全满足学生的学习需求。因此，需要利用网络、社交媒体等现代信息技术，开发更多互动性和参与性强的教育方式，如在线课程、微课、讨论组等，使学生在轻松愉快的氛围中接受思想政治教育。同时，通过案例教学、角色扮演等方法，学生在实践中学习和体验，增强思想政治教育的实效性。

加强思想政治教育还需要构建全社会共同参与的大格局。思想政治教育不仅是学校的事，也是家庭、社会各界的责任。学校、家庭、社会三方面应形成合力，共同为青少年的思想道德素质培养提供良好的环境和条件。比如，社会各界可以通过举办公益活动、志愿服务等形式，提供给青少年更多的社会实践机会，使他们在参与中学会责任和奉献。

加强思想政治教育的最终目的是培养有理想、有道德、有文化、有纪律的社会主义建设者和接班人。这需要教育者不断提高自身素质，用自己的言行影响和激励学生，同时也需要社会各界共同努力，为青少年提供一个健康向上的成长环境。只有这样，才能有效地提升青少年的思想道德素质，为社会的持续健康发展奠定坚实的基础。

二、强化实践教育

在当今社会，道德教育与思想素质的培养成为教育工作者和家长们日益关注的重点。在众多培养方式中，强化实践教育被认为是最为有效的方法之一。实践教育能够将理论知识与实际情境相结合，通过直观具体的经历促使学生深刻理解和掌握道德规范，从而在实际生活中做出正确的道德判断，并表现出高尚的道德行为。

社会实践活动是实践教育的重要组成部分。通过组织学生参与社区服务、环境保护、公益慈善、文化交流等多样化的社会实践活动，学生能够亲身体验和感受社会的多样性和复杂性。这种亲身经历不仅能够拓宽学生的视野，增进对社会现象的深刻理解，而且还能够培养学生的社会责任感和集体荣誉感。例如，参与环保项目能让学生直观地感受到环境保护的重要性，参与慈善活动则能增强学生对于弱势群体的同情心和责任感。

志愿服务作为社会实践的一种形式，对于提升学生的道德素质同样具有不可替代的作用。通过参与志愿服务活动，学生不仅能够学习如何关心他人、服务社会，还能在实践中学习团队合作、沟通协调等社会实践技能。更重要的是，志愿服务能够让学生在实际行动中体验到助人为乐的快乐，体会到个人行为对于社会的积极影响，从而内化为个人的道德信念和行为准则。

然而，要充分发挥社会实践活动和志愿服务在道德素质培养中的作用，需要教育者和社会各界的共同努力。首先，学校和教育机构应该设计和组织更多具有针对性和实践意义的活动项目。这些活动不仅要能够覆盖学生的兴趣和需求，还应当结合社会的实际需求，确保活动的有效性和实践价值。其次，家庭教育在实践教育中同样重要。家长应该鼓励和支持孩子参与社会实践活动，通过家庭的实际行动展示社会责任感和道德行为的价值，为孩子树立正确的道德榜样。

社会各界也应该积极提供支持和资源，为学生参与社会实践活动创造更多的机会和条件。政府、非政府组织、企业和媒体等可以通过建立合作平台、提供资金支持、宣传优秀案例等方式，共同推动实践教育的深入发展。

对于学生而言，参与社会实践活动和志愿服务不仅是一种学习和成长的过程，更是一种自我实现和价值体现的过程。在实践中，学生应当积极思考和反省，学会从不同角度和层面理解问题和分析问题，提升自己的道德判断力和道德行为能力。只有这样，实践教育才能真正达到培养学生高尚道德素质和思想道德素质的目的。

强化实践教育，特别是通过社会实践活动和志愿服务，能够有效提升学生的社会责任感、集体荣誉感、道德判断力和道德行为能力。这不仅需要教育机

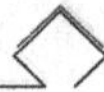

构、家庭和社会各界的共同努力，更需要学生自身的积极参与和深入思考。只有这样，我们才能真正培养出既有深厚的道德素质，又具备高度社会责任感的新一代公民。

三、优化校园文化建设

在当前社会发展的背景下，高等教育机构承担着培养高素质人才的重要任务。其中，思想道德素质的培养是教育的重要组成部分，这不仅关系到学生个人的全面发展，也关系到社会的长远发展和国家的未来。在众多培养途径和方法中，优化校园文化建设是一条重要的途径。

校园文化是校园生活的重要组成部分，它不仅能够体现一个学校的教育理念和精神面貌，还能够深刻影响到学生的思想道德素质。一所学校的校园文化建设水平，直接影响到学生的精神风貌和道德修养。因此，通过优化校园文化建设来培养学生的思想道德素质，已成为当前高等教育改革的一个重要方向。

创建积极向上的校园文化氛围，首先需要学校领导的高度重视和全校师生的共同参与。这种文化氛围的创建，不仅仅是简单的物质层面的建设，更重要的是精神文化层面的塑造。学校可以通过多种方式来营造这种氛围，如举办各类讲座、竞赛、展览等文化活动，这些活动不仅能够丰富学生的精神文化生活，提高其文化素养，还能够激发学生的创新思维和实践能力。

举办讲座是一种常见且有效的方式。学校可以定期邀请社会各界的专家学者来校进行主题讲座，这些讲座的内容可以是专业知识的传授，也可以是思想道德教育的引导。通过这种方式，不仅能够扩大学生的知识视野，还能够潜移默化地影响他们的价值观和道德观。

举办各类竞赛活动也是优化校园文化建设的重要途径之一。通过组织学术竞赛、艺术比赛、体育赛事等，不仅能够促进学生间的交流与合作，还能够培养学生的团队精神和竞争意识。这些竞赛活动能够让学生在比赛中学习到如何面对挑战、如何处理失败，从而提高其适应社会的能力。

展览也是校园文化建设中不可或缺的一部分。学校可以定期举办书画展览、科技成果展等，这些展览不仅能够展示学生的才华和创新成果，还能够激发学生的学习兴趣和探索欲。通过参观展览，学生可以接触到更多的文化元素和科技新知，这对于拓宽他们的知识面和提高他们的文化素养有着重要意义。

优化校园文化建设是培养学生思想道德素质的重要途径之一。通过举办各类文化活动，不仅可以丰富学生的精神文化生活，还可以有效提高学生的文化素养和道德修养。这需要学校领导的高度重视、师生的共同参与以及社会各界的支持与合作。只有这样，才能够真正实现校园文化的积极向上，为培养高素质的人才打下坚实的基础。

四、加强法治教育

在当今社会，思想道德素质的培养对于每一个公民尤其是年青一代的成长有着不可估量的作用。这不仅关乎个人品德的形成和发展，也直接影响到社会的和谐与进步。因此，如何有效地培养学生的思想道德素质，成为教育工作者乃至整个社会关注的焦点。在众多培养途径与方法中，加强法治教育尤为重要。

加强法治教育的基本目的在于通过法律法规教育，强化学生的法治意识。在这个过程中，学生不仅仅是学习法律知识，更重要的是要理解和领会遵守法律的内在意义和价值。通过系统的法治教育，学生可以明确认识到法律不仅是社会行为的规范，也是每个公民行为准则的依据。这种认识的形成，对于学生主动遵守法律，理解和支持法治国家的建设具有重要意义。

法治教育的核心内容不仅包括法律知识的传授，更重要的是要培养学生的法治思维和法律素养。这意味着，法治教育不应仅仅停留在法律条文的背诵和讲解上，而应该深入法律精神的传达和法律意识的培养。学生需要通过具体案例学习，了解法律是如何在实际生活中运用的，这样不仅能够加深他们对法律知识的理解，更能够在实践中学会如何正确运用法律解决问题。

加强法治教育需要创新教育方法。传统的课堂讲授方式可能无法完全激发学生的学习兴趣，因此，引入案例教学、模拟法庭、法律实践活动等形式将会更加有效。通过这些互动性强、情境真实的学习方式，学生可以在参与中感受法律的生命力，从而更加积极主动地学习法律知识，培养法治思维。同时，这

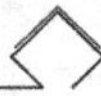

些方法还能够帮助学生培养批判性思维能力和解决问题的能力，这对于他们成为具有社会责任感的公民至关重要。

加强法治教育需要家庭、学校和社会的共同参与。家庭是法治教育的第一课堂。家长通过自身的言传身教，可以在孩子心中种下遵法守纪的种子。学校则是法治教育的主阵地，通过系统的课程设置和丰富多样的教学活动，为学生提供学习法律的平台和机会。而社会各界也应积极参与法治教育，通过公益活动、法律咨询服务等形式，为青少年提供更多了解和接触法律的机会。只有实现家庭、学校与社会三方面的协同，才能构建起全面、有效的法治教育体系。

在实施法治教育过程中，需注意个性化和差异化教育的重要性。由于学生的年龄、兴趣和认知能力的差异，法治教育的内容和方法也应当灵活多样，以适应不同学生的需求。对于年龄较小的学生，可以通过讲故事、角色扮演等形式，以简单易懂的方式介绍法律常识；对于年龄较大的学生，则可以通过举办辩论赛、法律知识竞赛等形式，提高他们的法律分析能力和应用能力。

法治教育的成功实施，需要依靠教育者的专业能力和敬业精神。教育者不仅要有扎实的法律专业知识，更要具备引导学生探索法律、思考法律的能力。此外，教育者还应当通过不断学习和实践，提升自己的法律素养，成为学生学习的榜样。

加强法治教育是培养学生思想道德素质的重要途径。通过法律法规教育，不仅可以强化学生的法治意识，还可以培养他们成为遵纪守法的好公民。为此，需要创新教育方法，加强家庭、学校和社会的协作，注重个性化和差异化教育，并且提升教育者自身的专业素养。只有这样，才能有效地提升学生的法律素养，为建设法治社会培养更多的优秀人才。

第四章　高职院校学生科学文化素质的培养

第一节　科学文化素质的内涵与重要性

一、定义阐述

科学文化素质是当前社会发展的重要组成部分，其内涵丰富、涉及面广，对个人成长与社会进步具有不可或缺的重要性。在探讨科学文化素质的内涵与重要性时，我们不仅需要理解其定义和组成要素，还需要认识到培养科学文化素质对于应对现代社会挑战的关键作用。

科学文化素质首先包含对科学知识的掌握，这是其最基础的组成部分。科学知识的掌握不仅仅是对事实的记忆，更重要的是理解这些知识背后的原理和运作机制。例如，了解物理学不仅是记住力的公式，更要理解力如何作用于物体，以及这一作用如何影响物体的运动状态。这种深层次的理解为科学思维的发展奠定了基础。

科学方法的应用能力是科学文化素质的另一个关键方面。科学方法不只是一套固定的步骤，而且是一种寻求知识、解决问题的方式。它包括观察、提问、假设、实验、分析和总结等过程。在实际生活和工作中，运用科学方法可以帮助我们更有效地识别问题、制定假设、测试结论，从而做出更加合理的决策。

除了对科学知识的掌握和科学方法的应用能力，科学文化素质还涵盖了对科学精神的认同和科学态度的培养。科学精神是指对知识的不懈追求、对真理的坚持不渝以及对未知的好奇和探索欲。这种精神鼓励人们勇于质疑现有的知识，不断地探索新的领域。科学态度则包括理性思维、批判性分析、客观公正和开放包容等，它要求我们在面对问题和决策时，能够摒弃偏见，基于事实和

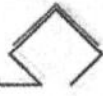

证据做出判断，同时对不同观点持开放态度。

培养科学文化素质对于个人而言，不仅可以促进其综合能力的提升，还可以帮助其在职业生涯中更好地适应不断变化的环境和技术进步。对社会来说，高水平的科学文化素质是推动科技创新、经济发展和社会进步的重要力量。在全球化和信息化日益加深的今天，科学技术在各个领域的应用日益广泛，科学文化素质的提高，能够促进社会成员更好地理解科技发展的意义，参与到科技创新活动中，提高社会的整体竞争力。

科学文化素质的提升还对于培养公民的科学决策能力、提高公共政策的科学性和有效性具有重要意义。面对复杂的社会问题和公共政策的制定，科学文化素质较高的公民能够更加理性地参与讨论，对政策制定提供基于证据的建议，从而提高政策的科学性和公众的接受度。

在应对全球性挑战如气候变化、环境保护、公共卫生等问题时，科学文化素质的重要性更是凸显无遗。只有当公众具备足够的科学文化素质时，才能够理解这些问题的复杂性，支持和参与科学合理的解决方案，为构建可持续发展的社会作出贡献。

科学文化素质的内涵与重要性不仅体现在对科学知识的掌握、科学方法的应用、科学精神的认同和科学态度的培养上，更体现在其对个人全面发展、社会进步和全球性挑战应对中的关键作用。因此，提升科学文化素质是当代社会面临的重要任务之一，需要政府、教育机构、社会团体和每一个个体的共同努力。

二、现代社会的要求

在当今时代，随着科技的飞速发展和全球化进程的不断深入，科学文化素质的提升已成为现代社会的迫切需求，这不仅对国家的发展至关重要，也对个人的成长和职业发展具有深远影响。科学文化素质的内涵涵盖了科学知识的掌握、科学方法的运用、科学精神的培养和文化素养的提高，它是衡量一个国家教育水平和科技进步的重要标准，同时也是个人适应社会、参与创新、推动职业发展的必备条件。

科学文化素质的内涵是多维的，不仅包括了科学知识的掌握，更重要的是科学方法的运用和科学精神的培养。科学知识为人们提供了认识世界、改造世界的基础，它是理性思维和创新实践的出发点。然而，仅仅掌握科学知识是不够的，更关键的是要能够运用科学的方法去分析问题、解决问题。这包括了观察、实验、推理、验证等方法，它们是科学探索的基本手段，也是人们在日常生活和工作中解决问题的重要工具。此外，科学精神的培养是科学文化素质不可或缺的一部分，它包括求真务实的态度、创新和勇于探索的精神、客观公正的原则等，这些都是科学发展和社会进步的重要动力。

科学文化素质的重要性不言而喻，它对于一个国家的教育水平和科技进步具有决定性作用。一个国家的科学文化素质水平高，意味着其公民具备较强的科学知识基础和科学问题解决能力，这将直接促进国家科技创新能力的提升和经济社会的全面发展。在全球化竞争日益激烈的今天，科学技术是国家竞争力的核心，而科学文化素质的提升则是提高国家科技竞争力的关键。

对个人而言，高科学文化素质是适应快速发展的现代社会、积极参与科技创新、促进个人职业发展的必备条件。随着科技的进步和社会的变革，新的知识、新的技能、新的职业层出不穷，只有具备高科学文化素质的人才能够迅速适应这些变化，抓住新机遇，实现个人价值。此外，科学文化素质还能够促进个人全面发展，提高生活质量。科学的方法和科学的态度可以帮助个人更合理地规划生活、更有效地解决生活中的问题，从而提高生活的幸福感和满足感。

现代社会对科学文化素质的要求体现在多个方面。首先，在教育领域，不仅要注重科学知识的传授，更要重视科学方法和科学精神的培养。这要求教育方式从注重知识的灌输转变为注重能力的培养，从而更好地适应社会发展的需要。其次，在产业发展中，科学技术的应用日益广泛，这要求劳动力市场上的工作者不仅要掌握专业技能，更要具备科学解决问题的能力。此外，在公民社会的构建中，高科学文化素质的公民更能够理性地参与社会公共事务的讨论和决策，促进社会的和谐发展。

科学文化素质的提升是现代社会发展的内在要求，它对国家的教育和科技进步具有基础性作用，对个人的成长和职业发展也具有重要影响。因此，无论

 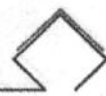

是国家层面还是个人层面，都应当重视科学文化素质的提升，通过教育改革、政策支持和社会实践等多种途径，促进科学文化素质的全面发展，为建设创新型国家和培养创新型人才提供坚实基础。

三、促进终身学习

在当今这个日新月异、知识更新速度加快的时代，科学文化素质的内涵与重要性日益凸显。科学文化素质不仅仅包括对科学知识的掌握和理解，更重要的是，它涵盖了科学思维方式、科学方法论、科学态度和伦理，以及对科技发展及其社会影响的认识。在这个基础上，科学文化素质的提升对于个体的终身学习具有至关重要的意义。

具备良好的科学文化素质的个体，能够对知识产生深刻的渴望和兴趣。知识的渴求不仅仅源于对未知世界的好奇心，更源于对于个人能力提升和发展的追求。科学文化素质能够让个体在面对新知识时，展现出积极主动的学习态度，而非被动接受。这种主动探索和学习的态度，是终身学习的关键。

具备良好的科学文化素质的个体，还能够提高其自主学习的能力。自主学习是指个体能够自我驱动，独立寻找学习资源，制订学习计划，并通过反思调整学习策略的能力。在科学文化素质的指导下，个体能够利用科学方法论和思维方式，对学习内容进行逻辑推理、批判性思考和有效沟通。这种能力不仅能够帮助个体更有效地吸收和理解新知识，而且能够促使他们在遇到问题时，独立思考，寻找解决方案。

科学文化素质的提升是适应知识更新速度的关键。我们生活在一个知识爆炸的时代，新的科学发现和技术革新层出不穷。只有那些能够迅速适应这种变化，不断学习新知识的个体，才能在社会中保持竞争力。具备良好的科学文化素质，个体能够更快地理解新技术和新知识，更容易适应变化多端的工作环境和社会环境。

科学文化素质的提升还有助于培养个体的批判性思维和解决问题的能力。在终身学习的过程中，个体不仅需要学习新知识，还需要学会如何应对复杂多变的问题。科学文化素质中的科学方法论和批判性思维能够帮助个体在面对问题时，独立分析情况，提出解决方案，并且能够基于证据做出合理的决策。

科学文化素质的提升对于个人的道德和伦理观念的形成也至关重要。科学不仅是一种知识体系，更是一种价值观。在科学文化素质的培养过程中，个体不仅会学习到科学知识，还会对科学的社会责任和伦理标准有更深刻的理解。这种理解能够促使个体在面对科技发展带来的道德和伦理挑战时，做出更加负责任的决策。

科学文化素质的内涵与重要性不容忽视。它不仅关乎个体的知识积累和智力发展，更关乎个体的道德修养、社会责任感以及对未来世界的适应能力。因此，提升科学文化素质，不仅是每个人终身学习的基础，也是社会进步和发展的基石。在这个知识迭代更新极快的时代，具备良好的科学文化素质，能够让个体在变化中寻找到自己的位置，不断提升自我，实现个人价值和社会价值的双重提升。

四、社会发展的驱动力

在当代社会，科学文化素质的内涵与重要性不可或缺，尤其是作为社会发展的驱动力，其作用越发显著。科学文化素质不仅仅是个体知识与技能的体现，更是一个国家和社会进步与文明的标志。它涵盖了广泛的知识领域，包括自然科学、社会科学、工程技术以及人文艺术等，旨在培养个体的批判性思维、创新意识、道德判断和社会责任感。

科学文化素质是现代社会公民的基本素养。在信息爆炸、科技迅速发展的时代背景下，公民需具备基本的科学知识和文化素养，以便更好地理解世界、做出合理判断并有效参与社会生活。这不仅涉及理解科学原理和技术操作，更重要的是能够批判性地评估科技发展带来的影响，以及科学知识如何应用于社会实践中，促进人类福祉。

科学文化素质是推动经济发展的关键因素。经济全球化和知识经济的兴起使得科技创新成为推动经济增长的核心动力。具备高水平科学文化素质的人才能够在科学研究、技术创新和产业升级中发挥关键作用，推动高新技术产业发展，增强国家的经济竞争力。同时，科学文化素质的提升也有助于劳动力市场

适应性和灵活性的提高，从而促进就业和社会稳定。

科学文化素质是应对全球挑战的必要条件。面对气候变化、环境污染、能源危机、公共卫生事件等全球性问题，需要国际社会共同努力，而这些努力的基础是公众的科学文化素质。只有当公众能够理解这些问题的科学本质，才能够支持和参与有效的解决方案。此外，科学文化素质还有助于提高社会的风险意识和防灾减灾能力，为可持续发展提供支持。

科学文化素质对于促进社会进步和文明交流具有重要意义。科学与文化是人类文明进步的双引擎，科学文化素质的提升有助于促进不同文化之间的理解和尊重，加强国际合作和交流。在全球化的背景下，科学文化的普及和交流有助于构建人类命运共同体，促进世界和平与发展。

科学文化素质的内涵与重要性体现在多个层面，它不仅是个体融入现代社会、实现个人发展的基础，也是推动社会经济进步、应对全球挑战、促进国际交流与合作的重要驱动力。因此，提高全民的科学文化素质，应成为国家和社会的重要战略任务，可以通过教育改革、科普活动、媒体传播等多种途径，培养公民的科学思维和文化理解，为社会的持续发展和人类文明的进步提供坚实基础。

第二节　高职院校学生科学文化素质的现状分析

一、知识掌握层面

在当今社会，科学文化素质的培养对于学生的全面发展至关重要。然而，在高职院校中，学生的科学文化素质的现状却呈现出多方面的问题。本文将从知识掌握层面深入探讨这些问题，旨在通过分析高职院校学生在科学文化素质方面的现状，揭示存在的主要问题，以期为后续的教育改革和学生科学素质的提升提供参考。

高职院校学生在科学基础知识的掌握上普遍存在差异。这种差异主要体现在学生对科学基础知识掌握得不均衡，特别是在数学、物理、化学等基础学科知识的理解上。高职教育的招生对象广泛，学生的基础教育背景各异，导致他们进入高职院校时在科学知识的掌握上呈现出显著的层次性。这种差异不仅影响了学生在专业学习中对科学知识的应用，也制约了他们对更深层次科学知识的探索和理解。

部分高职院校学生对科学基础知识的理解和应用能力不足，这在一定程度上反映了当前科学教育的不足。这种不足主要表现在学生缺乏系统的科学知识学习和科学思维训练。在日益强调实用技能和职业技术教育的背景下，一些高职院校过分强调专业技能的培养，而忽视了科学文化素质的教育。结果是，学生虽然在专业技能上有所成就，但在基础科学知识的掌握和科学方法的应用上存在明显短板。

现有的教学方法和教学内容在一定程度上也未能有效提升学生的科学文化素质。一方面，教学内容往往偏重于知识的传授，忽略了知识的探索和科学思维的培养；另一方面，传统的教学方法难以激发学生的学习兴趣，导致学生在学习过程中缺乏主动探索和深入思考的动力。这不仅影响了学生对科学知识的深入理解，也限制了他们科学素质的整体提升。

更为严重的是，一些高职院校在课程设置和教育资源分配上存在问题。例如，教育资源的有限、一些院校在基础科学教育方面的投入不足，导致科学实验设施老旧、科学教材更新缓慢，甚至科学课程的开设数量和质量都无法满足学生的学习需求。这种情况直接影响了学生对科学知识的系统学习，使他们在科学探索和实践活动中面临种种限制。

值得注意的是，学生个体在科学文化素质上的主观意愿和积极性也不容忽视。在当前的高职教育环境中，部分学生对于科学知识的学习缺乏足够的兴趣和动力，这与社会对高职教育的定位和个人职业发展规划有关。学生往往将就业技能的培养视为高职教育的主要目标，而对于科学文化素质的培养缺乏认识和重视。这种倾向不仅减弱了学生对科学知识学习的积极性，也影响了他们在科学文化素质上的长远发展。

高职院校学生在科学文化素质的培养上面临着多方面的问题。这些问题涉及学生基础知识的掌握、教育资源的配置、教学方法的改进以及学生个体的学习动机等多个层面。解决这些问题，提升高职院校学生的科学文化素质，不仅需要教育者的共同努力，也需要社会各界的广泛关注和支持。只有这样，我们才能培养出更多具有良好科学文化素质的高职院校毕业生，以适应社会发展的需要。

二、科学态度与方法

在当今迅速发展的科技时代，高职院校作为专业技术人才的重要培养基地，其学生的科学文化素质对于个人发展乃至国家进步具有不容忽视的作用。在高职院校学生的科学文化素质构成中，科学态度与方法的培养是一项基础且关键的环节。然而，现实情况却显示出一系列问题和挑战，这些问题不仅影响学生个人的能力提升，也对高职院校教育改革的方向提出了要求。

高职院校学生普遍对科学技术表现出浓厚的兴趣，这是一个积极的现象。然而，兴趣并不能直接转化为科学方法的正确应用，或是批判性思维的自然形成。实际上，许多学生在科学方法的应用方面存在明显不足。他们可能在理论学习中对科学方法有所了解，但在实际操作、实验设计以及数据分析等方面缺乏足够的训练和实践经验，导致科学思维方法不能很好地应用于问题解决和创新实践中。

批判性思维能力的缺乏是高职院校学生科学文化素质中的一大短板。批判性思维是科学态度的重要组成部分，它要求学生不仅接受知识，更重要的是要对接受的信息进行分析和评估，能够识别论据的强弱，区分事实与观点，以及发现潜在的偏误和逻辑错误。然而，当前的教学实践中往往重视知识的传授而忽视了批判性思维技巧的培养，学生很少有机会在课堂上或课外活动中练习这些技巧，导致他们在面对复杂问题时，缺乏独立思考和判断的能力。

问题解决能力的培养不足也是一个突出问题。科学方法不仅仅是一套理论知识，更是解决问题的有效工具。高职院校学生在实际遇到问题时，往往倾向于寻找标准答案或依赖他人指导，而不是运用科学方法独立寻找解决方案。这种情况在一定程度上反映了科学教育中对于实践能力和创新思维培养的忽视。

科学态度的培养需要进一步加强。科学态度包括对知识的开放性、对错误的容忍性以及对探索未知的好奇心等。然而，当前的教育环境往往更多强调结果而非过程，这种以结果为导向的教育方式可能抑制学生的探索欲望和创新精神，使学生在面对失败和挑战时缺乏必要的心理准备和应对策略。

虽然高职院校学生对科学技术表现出了浓厚的兴趣，但在科学方法的应用、批判性思维能力的培养以及问题解决能力的提升等方面，仍然存在不少问题和挑战。这些问题的存在，在一定程度上限制了学生的全面发展，也对高职院校的教育改革提出了更高的要求。针对这些问题，需要教育者、政策制定者以及社会各界共同努力，通过改革教学内容、教学方法和评价体系，为高职院校学生提供一个更加健全、全面的科学文化素质教育环境。

三、实践能力

高等职业教育作为我国高等教育体系的重要组成部分，承担着培养高素质技术技能人才的重要使命。在新时代背景下，随着经济社会的快速发展和产业结构的不断升级，对高职院校学生的科学文化素质和实践能力提出了更高的要求。然而，从当前的情况来看，高职院校学生的科学文化素质，尤其是在实践能力方面，还存在着不少问题，这些问题在一定程度上制约了学生综合素质的提升和就业能力的提高。

高职院校学生实践能力的培养存在课程设置不合理的问题。当前，部分高职院校在课程设置上仍然偏重于理论教学，而忽视了实践教学的重要性。这导致学生在校期间虽然能够掌握一定的专业理论知识，但在将理论知识应用到实践中去解决实际问题时却显得力不从心。实践教学的缺失，使学生难以通过实践活动深化理解和掌握所学知识，进而影响了他们的综合实践能力的培养。

实践教学资源分配不均衡也是一个突出问题。在一些高职院校中，由于经费、设备等资源的限制，无法为学生提供充足的实践学习机会。而且，实践教学资源的分配往往存在地区、院校之间的不平衡现象，导致部分学生在实践教学中难以获得良好的学习体验和充分的实践锻炼。资源的不足和不均衡，限制了学生实践技能的发展，影响了他们对专业知识的深入理解和应用能力的培养。

 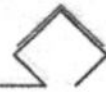

高职院校学生对科学实践的认识和态度存在偏差。一方面，部分学生对参与科研项目和实践活动的重要性认识不足，缺乏积极主动参与的意识和动力；另一方面，一些学生由于过分追求学业成绩或忽视实践能力的培养，而导致实践技能的提升不足。学生对实践活动的不重视，不仅影响了自身实践能力的提高，也影响了高职教育人才培养质量的提升。

实践教学与行业需求脱节也是不容忽视的问题。一些高职院校在开展实践教学时，没有充分结合行业发展趋势和就业市场的需求，导致学生在实践中学到的技能和知识与企业的实际需求存在差距。这种脱节不仅影响了学生的就业竞争力，也影响了高职教育服务地方经济社会发展的能力。

高职院校学生的科学文化素质特别是实践能力的培养，面临着课程设置不合理、实践教学资源分配不均衡、学生认识和态度存在偏差以及实践教学与行业需求脱节等问题。这些问题的存在，不仅影响了学生个人的综合素质和职业发展，也影响了高职教育质量的提升和社会服务能力的增强。因此，解决这些问题，提升高职院校学生的科学文化素质和实践能力，是当前高职教育改革和发展中亟待解决的重要课题。

四、科学文化的普及程度

高职院校作为我国高等教育体系的重要组成部分，承担着培养高技能人才的重要任务。近年来，随着科技的迅速发展和社会对科学文化素质要求的不断提高，高职院校学生的科学文化素质受到了广泛关注。然而，现实情况是，高职院校学生的科学文化素质普及程度存在一些问题，这些问题影响着学生的综合素质和未来的就业竞争力。

科学文化课程的设置不足是限制科学文化普及的一个显著问题。许多高职院校在课程设置中更侧重于专业技能的培训，而忽视了科学文化教育的重要性。这导致学生缺乏系统地学习科学知识和文化的机会，对于科学方法论、科学思维方式等核心内容的理解和掌握不足。科学文化的基本原理和思想没有得到充分的普及和传播，学生的科学素养提升缓慢。

科学文化教育资源的不足也是限制科学文化普及的一个重要因素。一方面，高职院校在资金、师资和设备上的投入有限，影响了科学文化教育内容的丰富性和教学质量。另一方面，学校图书馆、实验室等教学资源的不足，使得学生在获取科学文化知识方面遇到了困难，限制了他们的学习兴趣和深度。

学生个人对科学文化的认识和重视程度不足。在当前的社会背景下，部分学生对即时满足和短期利益的追求超过了对长远发展和综合素质提升的关注。这种态度导致学生对科学文化学习的兴趣和动力不足，不愿意花费时间和精力去深入理解和探索科学文化的内涵。

缺乏有效的科学文化普及机制和活动。高职院校在科学文化普及方面缺乏系统的规划和有效的实施机制。科普活动往往形式单一，缺乏创新性和吸引力，难以激发学生的兴趣和参与热情。此外，与社会科普资源的对接和利用不够，限制了科学文化普及活动的影响力和覆盖范围。

社会实践机会的不足也影响了科学文化素质的提升。实践是学习和理解科学文化的重要途径。然而，高职院校学生面临的社会实践机会有限，特别是与科学研究、科普教育相关的实践机会更是稀缺。这不仅限制了学生将理论知识应用于实践的能力，也减少了他们接触和理解科学文化的机会。

高职院校学生科学文化素质的地区差异也不容忽视。由于受地区经济发展水平、教育资源分配等因素的影响，不同地区高职院校学生的科学文化素质普及程度存在明显差异。这种差异不利于形成全社会对科学文化重视和支持的良好氛围，也影响了科学文化素质的整体提升。

高职院校学生科学文化素质的现状面临多方面的问题，从课程设置、教育资源到学生个人态度、普及机制和社会实践机会等各个方面都存在不足。这些问题的存在限制了高职院校学生科学文化素质的提升，对学生的全面发展和未来职业生涯产生了不利影响。因此，关注和改善高职院校学生的科学文化素质普及程度，对于提高国家整体科学文化素质和促进可持续发展具有重要意义。

第三节 科学文化素质培养的途径与方法

一、整合课程资源

科学文化素质的培养是当今教育领域中一项重要而迫切的任务。整合课程资源是其中的一种关键途径。通过整合现有课程资源，学校可以引入跨学科的学习模块，为学生提供更广泛、更深入的学习体验。这种跨学科的学习模块可以涵盖科学哲学、科学史等课程，旨在培养学生的科学思维和批判性分析能力。通过学习科学哲学，学生可以深入探讨科学背后的思维方式和逻辑，了解科学的本质及其与其他知识领域的关系。而通过学习科学史，学生可以了解科学发展的历程和演变，从而更好地理解科学知识的生成过程和科学研究的现状。这样的课程设置有助于拓展学生的知识视野，培养其跨学科的思维能力，提高其对科学的认识和理解。

除了整合课程资源，加强实验、实训课程的比重也是培养学生科学文化素质的重要途径之一。实验、实训课程是学生将理论知识应用于实践的重要途径，有助于培养学生的动手能力和解决问题的能力。通过实验、实训课程，学生不仅可以学会科学实验的基本方法和技能，还可以培养科学探究的兴趣和热情，提高他们对科学的实际操作能力。同时，实验、实训课程也是学生锻炼团队合作能力和创新意识的重要平台，有助于培养学生的综合素质和创新能力。

除了整合课程资源和加强实验、实训课程的比重，提升教师的教学能力也是培养学生科学文化素质的关键之举。教师是教育的中坚力量，其教学水平直接影响着学生的学习效果和素质提升。因此，学校应该加强教师的教学培训，提升其教学水平和科学素养。教师不仅需要具备扎实的学科知识和丰富的教学经验，还需要具备较高的科学文化素质和教育教学理论素养。通过不断提升教师的教学能力，学校可以更好地推动科学文化素质的培养工作，为学生提供更优质的教育资源和服务。

除了整合课程资源，加强实验、实训课程的比重和提升教师的教学能力外，积极开展科学文化活动也是培养学生科学文化素质的重要途径之一。科学文化活动是学生学习科学知识和文化的重要方式，有助于激发学生学习的兴趣和热情，提高他们的学习积极性和主动性。学校可以通过举办科学讲座、科学展览、科学竞赛等形式多样的科学文化活动，为学生提供展示自己才华和发挥自己特长的平台，激发他们的学习热情和创新能力，促进其科学文化素质的全面提升。

整合课程资源，加强实验、实训课程的比重，提升教师的教学能力和积极开展科学文化活动是培养学生科学文化素质的重要途径和方法。通过这些途径和方法的综合应用，学校可以更好地促进学生科学文化素质的全面发展，为他们的终身发展和社会实践打下坚实的基础。

二、创新教学方法

在当今时代，科学文化素质的培养已经成为教育领域和社会发展的一项重要任务。随着社会的快速发展和科技的日新月异，传统的教学方法已经无法满足新时代人才培养的需求。因此，创新教学方法成为提高科学文化素质培养效率和质量的关键。本文将探讨在科学文化素质培养中创新教学方法的途径与方法。

要明确科学文化素质培养的核心目标是培养学生的科学思维、科学方法和科学精神。在这一目标指引下，教学方法的创新应围绕激发学生的科学兴趣、培养学生的科学思维方式、提高学生的实践操作能力和创新能力进行。

一种有效的创新教学方法是案例教学法。通过引入真实的科学研究案例，让学生在解决实际问题的过程中，学习科学知识，培养科学思维和解决问题的能力。这种方法能够将抽象的科学概念具体化，使学生在实践中学习和思考，增强学习的兴趣和动力。

另一种有效的创新教学方法是项目式学习（Project-Based Learning，简写为PBL）。这种方法通过设定一个具体的项目任务，学生在完成任务的过程中，进行资料的搜集、分析和实验操作，最终形成自己的见解和解决方案。PBL不

仅能够培养学生的团队合作精神和沟通能力，还能激发学生的创新意识和实践能力。

翻转课堂也是一种有效的创新教学方法。通过将课堂讲授的内容转移到线上，让学生在课外观看视频讲座、阅读资料，课堂时间则用于讨论、提问和解决问题。这种模式能够最大化课堂的互动性和参与度，提高学生的学习效率和兴趣。

跨学科教学也是提高科学文化素质的重要教学方法之一。通过打破学科界限，整合不同学科的知识和方法，让学生在跨学科的学习中，培养综合分析问题和解决问题的能力。这种教学方法能够帮助学生建立起更加全面的知识体系，培养跨学科的思维模式。

除了以上几种方法，科学展览、科学实验、科学竞赛等活动也是创新教学方法的重要组成部分。通过参与这些活动，学生不仅可以增加科学知识，还能激发自己的科学兴趣和创新能力。

创新教学方法的关键在于如何有效地激发学生的兴趣、提高学生的参与度和实践能力，以及如何培养学生的科学思维和创新能力。在科学文化素质的培养过程中，教师应根据学生的特点和需要，灵活运用多种教学方法，创造一个富有挑战性和探索性的学习环境，以促进学生全面而深入地学习和成长。在这个过程中，教师的角色也由传统的知识传递者转变为学生学习的引导者和促进者，更加注重培养学生的自主学习能力和创新思维。只有这样，才能真正实现科学文化素质的有效培养，为学生的终身发展和社会的进步贡献力量。

三、加强师资建设

科学文化素质的培养，是当前教育领域中至关重要的一环，其不仅影响到学生的全面发展，也是提升国家竞争力的关键因素。在众多培养途径与方法中，加强师资建设被视为一项根本举措。师资建设的核心，在于通过提高教师的科学文化素质，进而有效指导学生，培养他们的科学思维与文化素养。

师资建设的重要性不容忽视。教师是科学文化知识的传递者，更是学生科学思维能力和科学精神的塑造者。一支具备高水平科学文化素质的教师队伍，能够深刻理解科学文化的内涵与价值，将科学的思想、方法和精神融入教学之中，引导学生树立正确的世界观、人生观和价值观。因此，加强师资建设，提升教师的科学文化素质，是实现科学文化素质教育目标的前提条件。

师资建设需要从教师的科学知识和科学精神两个维度着手。在科学知识方面，教育部门应当定期组织科学文化知识的培训和学习，更新教师的知识库，使其能够跟上时代的步伐，有效传授最新的科学成果和理念。此外，通过参与科学研究项目，教师不仅可以增强自身的科学研究能力，还能直接体验科学研究的过程，从而更深刻地理解科学精神，这些经验在教学中的传递，对学生的影响是深远的。

在科学精神的培养方面，师资建设应着重于培育教师的批判性思维能力、创新能力和科学态度。批判性思维是科学探索的基础，它能帮助教师在教学过程中培养学生独立思考的能力，敢于质疑现有知识，勇于探索未知领域。创新能力的提升，能使教师在教学方法和内容上进行创新，用更生动、更具吸引力的方式传授科学知识，激发学生的学习兴趣。科学态度的培养，则是指引导教师树立客观、严谨、求真的科学态度，这种态度的传递对于学生形成正确的科学价值观至关重要。

师资建设还需注重教师的跨学科能力培养。在当今这个知识爆炸的时代，科学文化的边界越来越模糊，多学科交叉已成为科学发展的趋势。因此，教师不仅需要在自己的专业领域具备深厚的知识储备，还应具备跨学科的知识视野和研究能力，能够将不同领域的知识融会贯通，为学生提供更广阔的科学文化视野。

实现上述师资建设目标，需要政府、学校和社会共同努力。政府应出台相关政策，为师资建设提供充足的资金支持和政策保障；学校应建立完善的师资培训体系，为教师提供持续的学习和成长机会；社会各界也应积极参与，通过建立公私合营的培训中心、提供科研项目支持等方式，共同推进科学文化素质教育的发展。

加强师资建设是提升科学文化素质教育质量的关键。通过不断提升教师的科学知识水平和科学精神，培养具备跨学科能力的教师队伍，我们可以为学生

打造一个更加丰富、更加活跃的学习环境，激发他们的学习兴趣和科学探索热情，从而有效培养出具有高度科学文化素质的新一代。在这个过程中，政府、学校和社会的共同努力是不可或缺的，只有形成合力，我们才能实现科学文化素质教育的长远发展。

四、推广科学文化活动

推广科学文化活动是培养学生科学文化素质的重要途径之一。通过组织科学讲座、科技竞赛、科学展览等活动，可以有效地增强学生对科学的兴趣和认识，激发他们对科学的好奇心和探索欲望。科学讲座是向学生介绍最新科学知识和科学前沿的有效方式，可以帮助学生了解科学的发展动态，引导他们树立正确的科学观念和方法论。科技竞赛则是通过比赛的形式，激发学生的创新意识和实践能力，培养他们解决实际问题的能力和技巧。科学展览则可以让学生通过亲身参与和观摩，了解各种科学原理和技术应用，拓展他们的科学视野，激发他们对科学研究和技术发展的兴趣。

与科研机构、企业合作，为学生提供实践学习的机会，也是推广科学文化活动的重要内容之一。通过与科研机构和企业合作，学生可以接触到最新的科学技术和研究成果，参与真实的科学实践，从而更深入地了解科学知识和科学方法。实践学习不仅可以加深学生对科学的理解，还可以培养他们的动手能力和实践能力，提高他们解决实际问题的能力。同时，通过与科研机构和企业的合作，学生还可以了解到科学技术的应用领域和就业前景，对自己的未来规划有更清晰的认识和理解。

推广科学文化活动的途径和方法有很多，可以根据不同的情况和需求进行选择和组合。比如，可以通过学校组织科技节、科学夏令营等活动，让学生在轻松愉快的氛围中学习科学知识，体验科学的乐趣，也可以通过社会组织或者公益机构举办科学普及活动，面向社会大众开展科普宣传和科学教育，提高公众的科学素质和科学素养。此外，还可以利用现代信息技术手段，如互联网、移动应用等，开展网络科普活动，通过在线课程、科普网站、科普应用等方式向广大网民传播科学知识，拓展科学普及的渠道和方式。

推广科学文化活动是培养学生科学文化素质的重要途径之一，可以通过组织各种形式的科学活动，增强学生的科学兴趣和认识，激发他们的科学探索欲望和创新能力。与此同时，与科研机构、企业合作，为学生提供实践学习的机会，也是推广科学文化活动的重要内容之一，可以帮助学生更深入地了解科学知识和方法，培养他们解决实际问题的能力和技巧。要推广科学文化活动，需要综合运用各种途径和方法，创造良好的学习和实践环境，为学生的科学素质培养提供有力支持。

第五章　高职院校学生专业技能素质的培养

第一节　专业技能素质的内涵与重要性

一、专业技能素质的定义

专业技能素质指的是个体在特定专业领域内所具备的知识、技能和能力的总和。这一概念不仅仅涵盖了对专业理论知识的掌握，更包括了实际操作能力、问题解决能力以及持续学习和适应新技术的能力。简而言之，专业技能素质不仅要求个体具备扎实的理论基础，还要求其能够熟练地运用这些知识和技能去解决实际问题，并且具备不断学习和进步的能力。在不同的领域和行业中，专业技能素质的具体内容和要求会有所不同，但其核心价值和意义始终如一。

专业技能素质包括了对专业知识的掌握。这是专业技能素质的基础，个体需要通过系统的学习和训练，掌握自己所从事领域的基本理论和实践知识。例如，在计算机科学领域，程序员需要熟悉各种编程语言、数据结构和算法等基础知识；在医学领域，医生则需要掌握解剖学、生理学、病理学等医学基础知识。只有建立起扎实的理论基础，个体才能够在实践中游刃有余。

专业技能素质还包括了实际操作能力。除了理论知识外，个体还需要通过实际操作来巩固和加深对知识的理解。这包括了技能的培养和训练，例如，在工程领域，工程师需要具备操作各种工具和设备的能力；在艺术领域，艺术家需要掌握各种绘画和雕塑技巧。实际操作能力是将理论知识转化为实际成果的关键环节，只有将知识与实践相结合，个体才能够真正地发挥出自己的专业水平。

专业技能素质还涉及问题解决能力。在工作和生活中，个体往往会面临各种各样的问题和挑战，而解决这些问题往往需要运用专业知识和技能。因此，个体需要具备分析问题、提出解决方案并将其付诸实践的能力。这不仅需要个体具备扎实的理论基础和实际操作能力，还需要其具备逻辑思维和创新能力。只有能够灵活运用所掌握的知识和技能解决实际问题，个体才能够在工作中取得更好的成绩。

专业技能素质还包括了持续学习和适应新技术的能力。随着科技的不断发展和社会的不断进步，许多行业都面临着新技术的涌现和变革。因此，个体需要具备持续学习的意识和能力，不断地更新自己的知识和技能，以适应新的发展和变化。这需要个体具备学习的自觉性和主动性，积极参与各种培训和学习活动，并且能够将所学到的新知识和新技能应用到实际工作中去。只有不断学习和进步，个体才能够与时俱进，保持自己在职场上的竞争力。

专业技能素质在个体的职业发展和职业成功中起着至关重要的作用。具备扎实的专业技能素质是个体获得工作机会和竞争优势的基础。在现代社会，许多职业都对专业技能有着严格的要求，雇主更倾向于选择那些具备扎实专业技能的人才。因此，个体只有具备了足够的专业技能素质，才能够在激烈的职场竞争中脱颖而出，获得理想的工作岗位。

专业技能素质是个体实现职业目标和提升职业地位的关键。无论是在晋升、加薪还是转岗等方面，都需要个体具备扎实的专业技能素质。只有拥有了足够的专业技能，个体才能够胜任更高级别的职位和更复杂的工作任务，从而实现自己的职业目标和追求更高的职业地位。

专业技能素质还是个体提高工作效率和工作质量的保障。在工作中，个体需要不断地应对各种各样的任务和挑战，而具备了扎实的专业技能素质，个体才能够更加高效地完成工作，并且保证工作质量。此外，专业技能素质还可以减少工作中出现错误和失误的概率，提高工作的稳定性和可靠性，从而为个体赢得更多的信任和认可。

专业技能素质也是个体不断成长和发展的重要保障。在现代社会，知识和技能的更新换代速度越来越快，许多行业都面临着新技术的涌现和变革。因此，个体需要不断地学习和进步，不断地更新自己的知识和技能，以适应新的

发展和变化。只有具备了足够的专业技能素质，个体才能够在不断变化的社会环境中立于不败之地，实现自己的个人价值和职业梦想。

专业技能素质是个体在特定专业领域内所具备的知识、技能和能力的总和，包括了对专业知识的掌握、实际操作能力、问题解决能力以及持续学习和适应新技术的能力等方面。具备了足够的专业技能素质，个体才能够在职场中脱颖而出，实现自己的职业目标和追求更高的职业地位。因此，个体应该注重培养和提升自己的专业技能素质，不断地学习和进步，以应对未来的挑战和机遇。

二、专业技能素质的核心

专业技能素质的内涵与重要性在当今社会和职业发展中扮演着至关重要的角色。专业技能素质不仅仅包括对特定领域的知识掌握，更重要的是学生应具备能够运用这些知识解决实际问题的能力。这一核心观念体现在“能力”二字之中。在专业素质的核心中，能力被视为至关重要的要素。学生不仅仅需要死记硬背知识，更需要具备实际操作能力、创新能力、团队合作能力等方面的素养。实际操作能力是将理论知识转化为实际行动的能力，它能够帮助学生在实践中更好地应用所学的知识，解决问题。创新能力则是指学生具备开拓进取、勇于尝试新方法的精神，能够在面对问题时提出创新性的解决方案。团队合作能力则是指学生具备与他人有效沟通、协调合作的能力，能够在团队中发挥自己的优势，共同完成任务。这些方面的专业技能素质共同构成了学生在特定领域中的核心竞争力。

在当今高度竞争的社会环境中，拥有优秀的专业技能素质是学生脱颖而出、实现个人价值的重要保障。专业技能素质能够提升学生在就业市场上的竞争力。随着社会经济的发展，各行各业对人才的需求越来越高，而仅仅拥有理论知识是远远不够的。雇主更加注重应聘者是否具备实际操作能力、创新能力以及团队合作能力等方面的素养。因此，拥有优秀的专业技能素质可以使学生在众多竞争者中脱颖而出，获得更好的职业发展机会。

专业技能素质能够提升学生在工作岗位上的表现。在实际工作中，除了需要具备一定的理论知识外，更需要能够灵活运用这些知识解决各种实际问题。拥有优秀的操作技能和创新能力可以帮助学生更好地适应工作环境，提高工作效率，取得更好的工作业绩。此外，团队合作能力也是现代企业所重视的重要素质之一。在团队合作中，学生需要能够与他人良好地沟通、协调合作，共同完成任务。拥有优秀的团队合作能力可以使学生在团队中发挥自己的优势，提高团队的整体效率和绩效。因此，专业技能素质不仅能够帮助学生在就业市场上脱颖而出，还能够提升他们在工作岗位上的表现，实现个人价值。

专业技能素质的内涵包括实际操作能力、创新能力、团队合作能力等方面的素养，其核心在于“能力”二字。拥有优秀的专业技能素质对学生来说至关重要。它不仅能够提升学生在就业市场上的竞争力，还能够提升他们在工作岗位上的表现，实现个人价值。因此，学校和社会应该共同努力，为学生提供更多培养专业技能素质的机会和平台，促进其全面发展。

三、重要性体现

专业技能素质是高职院校学生求职就业的“敲门砖”，是衡量其是否能够胜任未来职业岗位的重要标准。随着社会的发展和经济的变化，人们对于从事各行各业的专业技能的需求也在不断增加。因此，具备优秀的专业技能素质成为高校毕业生在就业市场中脱颖而出的关键因素之一。一方面，高校学生通过系统的专业学习和实践训练，掌握了扎实的专业知识和技能，能够熟练运用于实际工作中。另一方面，拥有优秀的专业技能素质也体现了个人的学习能力、适应能力和创新能力，这些都是在未来职业生涯中不可或缺的品质。因此，专业技能素质的重要性不言而喻。

高水平的专业技能素质对于提升国家的科技创新能力和竞争力具有重要意义。随着科技的飞速发展，各行各业对于技术人才的需求日益增加。而技术人才的素质直接关系到一个国家的科技创新水平和产业竞争力。只有拥有先进的专业技能素质，才能在科技领域中发挥出更大的创新潜力，推动科技进步和产业升级。例如，在信息技术领域，拥有优秀的编程能力和系统设计能力的人才往往能够在软件开发、人工智能、云计算等领域作出突出贡献，带动整个产业

链的发展。因此，加强高校学生的专业技能培养，提升其专业技能素质水平，对于促进国家科技创新能力和竞争力的提升具有重要意义。

专业技能素质还能够为个人的职业发展提供有力支撑。在当前激烈的就业竞争环境下，拥有优秀的专业技能素质可以让个人在众多求职者中脱颖而出，获得更多的就业机会。而且，随着工作经验的积累和专业技能的不断提升，个人的职业发展空间也将更加广阔。例如，在工程领域，拥有优秀的设计能力和实践经验的工程师往往能够在项目中担任重要角色，获得更高的职位和更丰厚的薪水。因此，专业技能素质对于个人的职业发展来说至关重要，是实现个人职业目标的重要保障。

专业技能素质还能够提升个人的社会地位和影响力。在当今社会，专业技能成为评判个人能力和价值的重要标准之一。拥有优秀的专业技能素质可以让个人在社会中获得更多的认可和尊重，提升自己的社会地位。而且，通过运用专业技能参与社会实践和公益活动，个人还能够为社会作出更大的贡献，增强自己的社会影响力。例如，在医疗领域，拥有优秀医术和丰富经验的医生往往备受社会尊敬，其言行举止也能够影响到更多的人。因此，专业技能素质不仅是个人职业发展的关键，也是提升个人社会地位和影响力的重要途径。

专业技能素质不仅是高校学生求职就业的“敲门砖”，也是提升国家科技创新能力和竞争力的重要保障。同时，对于个人来说，优秀的专业技能素质可以为其职业发展提供有力支撑，提升其社会地位和影响力。因此，加强专业技能素质的培养与提升具有重要意义，对于促进个人和国家的发展都具有积极的意义和价值。

四、促进社会发展

学生的专业技能素质直接关联到社会服务能力的提升，高质量的专业技能培养能够有效促进社会经济的发展和行业技术的进步。专业技能素质的内涵包括对于特定领域的深入理解和扎实掌握，以及在实践中能够灵活运用所学知识解决问题的能力。在社会发展的过程中，各行各业对于高水平的专业技能需求日益增加。例如，在工业生产领域，需要工程师具备精湛的设计能力和技术实践经验，以保障产品质量和生产效率；在金融领域，需要专业的金融分析师能够准确把握市场动态，为投资决策提供有效参考。因此，培养学生的专业技能素质不仅仅是为了满足个人发展的需要，更是为了适应社会发展的要求，为社会各行各业输送具备高水平专业技能的人才。

高质量的专业技能培养有助于推动社会经济的发展。现代社会日新月异，科技进步和产业升级呈现出加速发展的态势，对于专业技能人才的需求更加迫切。拥有优秀专业技能的人才可以在各个领域中发挥重要作用，推动相关行业的发展。例如：具备先进医疗技术的医生可以提升医疗水平，改善人民健康状况，促进医疗产业的发展；具备先进工程设计技能的工程师可以推动基础设施建设和城市规划，促进城市化进程和经济增长。因此，通过培养学生高水平的专业技能，可以为各行各业输送更多优秀人才，从而推动社会经济的发展。

高质量的专业技能培养也对行业技术的进步起到至关重要的作用。在科技不断发展的今天，各行各业都面临着技术更新换代的挑战，需要不断引进和培养具备新技术应用能力的专业人才。通过培养学生的专业技能，不仅可以为现有技术的应用提供更多人才支持，还可以为新技术的研发和应用打下坚实的基础。例如：在信息技术领域，具备高水平编程技能的软件工程师可以开发出更加先进和高效的软件系统，推动信息技术的发展和应用；在生物科技领域，具备精湛实验技能的生物学家可以开展前沿科研，推动生物医药产业的发展。因此，通过培养学生高水平的专业技能，可以为行业技术的进步提供坚实的人才支持，推动技术创新和产业升级。

学生的专业技能素质不仅对个人发展具有重要意义，更对社会发展起到至关重要的促进作用。通过培养学生高水平的专业技能，可以为社会输送更多高素质的专业人才，推动各行各业的发展和技术进步，促进社会经济的持续健康发展。因此，加强对学生专业技能素质的培养，不仅是教育工作的重要任务，也是推动社会发展的重要举措。

第二节　高职院校学生专业技能素质的现状分析

一、现状概述

在当今社会，随着科技的快速发展和产业结构的深度调整，对高职院校学生的专业技能素质提出了更高的要求。高职院校肩负着培养应用型、技能型人才的重要任务，学生的专业技能素质直接关系到其未来的就业竞争力及职业发展。然而，在实际的教育过程中，高职院校学生专业技能素质的现状并不乐观，存在一系列亟待解决的问题。

学生的实践技能与企业需求存在较大差距。尽管高职教育强调技能培养，但由于部分院校实践教学资源有限，学生的实践机会不足，导致其毕业时所掌握的专业技能难以满足企业实际工作的需求。这种现象在一些新兴专业和高技术领域尤为明显，学生缺乏足够的实践机会去接触和了解最新技术和工艺，使得他们在就业市场上的竞争力下降。

部分学生的理论知识基础薄弱，影响了专业技能的学习和提升。在高职教育中，理论教学为技能学习提供必要的知识支撑。然而，一些学生对基础理论学习缺乏足够重视，或是基础教育阶段的知识掌握不牢固，导致在高职院校学习过程中难以有效吸收和理解更为复杂的专业知识，进而影响到专业技能的掌握。

教学内容与时代发展脱节是一个不容忽视的问题。随着科技的迅速进步和行业需求的不断变化，一些高职院校的教学内容更新不够及时，仍然停留在传统的知识和技能教学上，缺乏对新兴技术、新工艺的关注和引入，这导致学生在学习过程中获得的知识和技能无法满足社会和企业对高素质技能型人才的需求。

教育评价体系的不完善也是影响学生专业技能素质提升的一个重要因素。当前的教育评价体系往往偏重于理论知识的考核，忽视了对学生实践能力和创新能力的评价。这种评价体系的设定可能会导致学生在学习过程中过分重视理论知识的记忆和复现，而忽略了实践技能的培养和创新能力的提升。

高职院校与企业之间的合作不够深入，影响了学生专业技能的实际应用能力培养。虽然部分高职院校已经开始尝试与企业合作，开展校企合作教育项目，但这种合作在广度和深度上仍有限。企业对教学内容和实践教学的参与不够，导致学生在校期间难以获得充分的、接近实际工作情境的实践经验，从而影响了其专业技能的综合应用能力。

高职院校学生专业技能素质的现状面临着实践技能与企业需求不匹配、理论知识基础薄弱、教学内容与时代发展脱节、教育评价体系不完善以及校企合作程度不足等问题。这些问题的存在，不仅影响了学生的专业技能素质和就业竞争力，也给高职教育的发展和社会经济的进步带来了挑战。因此，针对这些问题进行深入分析和探讨，寻找有效的解决策略，对于提升高职院校学生的专业技能素质，促进高职教育的质量提升和社会服务能力强化具有重要意义。

二、理论与实践脱节

在探讨高职院校学生专业技能素质的现状时，我们不得不面对一个普遍而又深刻的问题：理论与实践之间的脱节。这个问题不仅关系到学生个人技能素质的全面发展，也直接影响到高职院校教育质量的整体提升。

从教学内容的角度来看，高职院校的课程设置往往偏重于理论知识的传授，而忽略了实践技能的培养。在当前的教育体系中，理论课的比重远大于实验课程、实训课程，这导致学生虽然能够掌握大量的理论知识，但在将这些知识应用到实际工作中时却显得力不从心。这种理论与实践脱节的现象，使得学生难以适应未来职场的实际需求，也降低了他们的职业竞争力。

现行的评价体系同样加剧了理论与实践脱节的问题。在多数高职院校中，学生成绩的评定依然以理论考试为主，实践能力的考核相对较少，这无形中促使学生将更多的精力投入理论学习中，而忽视实践技能的培养。此外，部分院校的实践教学设施不完善，缺乏与行业标准相匹配的实训设备，这也限制了学生在学习过程中对实践技能的掌握。

教师队伍的结构也是导致理论与实践脱节的一个重要因素。目前，高职院校中仍然存在着一定比例的教师，他们自身缺乏丰富的行业经验，这直接影响到了他们在教学过程中将理论知识与实际工作相结合的能力。这种情况下，即使是实践课程，也往往沦为理论知识的重复讲解，无法真正提升学生的实践操作能力。

与企业的合作不够深入也是一个不容忽视的问题。虽然近年来高职院校普遍重视校企合作，但在实际操作中，仍然存在着合作不深入、不持久的现象。这导致学生在校期间缺少足够的实际工作经验，无法深刻理解和掌握行业的最新发展动态和技术要求，使得理论学习与实际工作的脱节现象进一步加剧。

学生自身的学习态度和方法也是导致理论与实践脱节的一个原因。在当前的教育环境下，部分学生过于依赖课堂教学，缺乏主动探索和实践的意识。他们在面对实际问题时往往束手无策，无法将所学理论知识灵活运用到解决问题中。这不仅限制了他们技能素质的提升，也影响了他们对所学专业的深入理解和兴趣的培养。

高职院校学生专业技能素质的现状显示出理论与实践之间存在明显的脱节。这种脱节不仅体现在教学内容和评价体系的设计上，也受到教师队伍结构、校企合作深度以及学生自身学习态度的影响。要解决这一问题，需要高职院校、教师和学生三方面共同努力，构建一个更加注重实践能力培养的教育环境。尽管本文不探讨具体的解决方案，但通过对现状的深入分析，我们可以更清晰地认识到问题的根源，为未来的教育改革奠定基础。

三、技能更新滞后

技能更新滞后是高职院校学生专业技能素质现状中的一大挑战。在当今科技飞速发展的时代，技术的更新换代速度远远超出了以往。然而，一些高职院校的教学内容和方法却未能跟上这一步伐，导致学生在毕业后面临着与市场需求不匹配的情况。这种技能更新滞后所带来的问题不仅影响着学生个人的就业和职业发展，也影响着整个社会和国家的科技进步和竞争力。

一方面，部分高职院校的师资力量可能不足以应对快速变化的科技发展，导致了教学内容的滞后。另一方面，一些学校的教学体系和课程设置可能比较僵化，难以灵活调整和更新。这些问题导致了教学内容和教学方法的滞后，使得学生在校期间所学到的知识和技能与市场的需求脱节。

技能更新滞后给高职院校学生带来了严重的就业压力。由于市场对于新技术和新知识的需求不断变化，要求员工具备更高水平的专业技能和应变能力。然而，如果学生在校期间所学习的技能已经过时，他们将很难找到符合自己专业背景的工作，或者在工作中难以适应新的工作环境和技术要求。这将直接影响到他们的就业前景和职业发展。

技能更新滞后也会影响到整个社会的科技进步和竞争力。现代社会的发展已经进入了一个技术驱动的时代，科技创新是推动社会经济发展的重要引擎。然而，如果高职院校的学生毕业后无法满足市场的需求，将会导致人才供给与市场需求之间的矛盾，进而影响到社会科技创新的能力和竞争力。

针对技能更新滞后的问题，需要采取一系列的措施来加以解决。首先，高职院校需要加大对教师的培训力度，提高他们的教学水平和科研能力，使他们能够更好地跟上科技发展的步伐，更新教学内容和方法。其次，学校还应该加强与行业的合作，建立起产学研结合的机制，及时了解市场的需求和变化，调整和优化课程设置，确保教学内容与市场需求保持一致。此外，学校还可以通过开设专业技能培训课程、组织学生参与科研项目等方式，提高学生的自主学习能力和实践能力，使他们能够更好地适应市场的变化和需求。

技能更新滞后是高职院校学生专业技能素质现状中的一大难题，需要学校、教师和社会各界共同努力来加以解决。只有通过不断改革和创新，才能够更好地培养出符合社会需求的高素质技术人才，推动社会的科技进步和经济发展。

四、创新能力不足

高职院校学生的专业技能素质在当今社会发展中扮演着重要的角色。然而，他们普遍面临着创新能力不足的挑战。创新能力是现代社会对于人才的一项基本要求，它不仅关乎个人的职业发展，也直接影响到整个社会的进步。因

此，理解高职院校学生创新能力不足的原因以及如何解决这一问题至关重要。

高职院校学生普遍缺乏足够的创新训练。在传统的教学模式下，学生主要接受的是基础知识和技能的灌输，而缺乏对于创新思维的培养。教师往往更注重对于规定内容的传授，而忽视了对学生创造性思维的引导和培养。因此，学生在课堂上很少有机会进行自由的探索和创新实践，导致他们在解决复杂问题时缺乏足够的灵活性和创造力。

教学资源和环境的不足也是造成高职院校学生创新能力不足的重要原因之一。许多高职院校的实验室设备和科研资源相对匮乏，学生缺乏进行科学研究和创新实践的平台和条件。另外，一些学校的教学环境较为封闭，缺乏与外部行业和企业的交流合作机会，这也限制了学生的创新能力的发展。没有良好的外部资源和合作机制，学生很难获得实践经验和行业动态，从而无法及时了解到最新的技术发展和市场需求，导致他们的创新能力受到限制。

高职院校学生的自我意识和自信心普遍较低，这也是影响其创新能力的重要因素之一。由于长期以来的教育模式强调的是知识的传授和死记硬背，学生往往缺乏自主学习和思考的能力。一些学生在面对新的挑战和问题时，容易产生焦虑和自我怀疑，缺乏尝试和探索的勇气。因此，即使具备一定的专业知识和技能，他们也往往缺乏将知识应用到实际问题中去的能力，从而限制了他们的创新能力的发挥。

针对高职院校学生创新能力不足的问题，需要采取一系列的措施进行改进。首先，教育部门需要改革教学模式，从注重知识传授向注重能力培养转变。学校应该鼓励教师采用启发式教学方法，引导学生自主学习和思考，培养他们的创新意识和能力。同时，学校还应该加强对于创新教育的投入，提升实验室设备和科研资源，为学生提供更多的实践机会和平台。另外，学校可以与外部行业和企业建立合作关系，开展产学研结合的项目，让学生参与实际的工程项目，从而更好地锻炼他们的创新能力和实践能力。

学校还需要加强对学生的心理健康教育，培养他们的自信心和自我意识。学校可以开设相关的心理健康课程，帮助学生树立正确的人生观和价值观，增强他们面对挑战和困难的勇气和信心。同时，学校还可以建立起良好的学习氛围和文化，鼓励学生之间相互交流和合作，共同成长，共同进步。

高职院校学生创新能力不足是一个比较普遍的问题，但是通过教育改革和系统性的措施，是可以得到有效解决的。教育部门、学校以及社会各界应该共同努力，为高职院校学生提供更好的教育资源和环境，培养他们的创新精神和实践能力，为社会培养更多更优秀的人才。

五、实践机会有限

高职院校作为培养技术技能型人才的重要阶段，在当前社会发展中扮演着关键的角色。然而，尽管其在理论教学和实践操作方面都有所强调，但仍存在着一系列问题，这些问题可能会影响学生的专业技能素质的培养和提升。

高职院校学生专业技能素质的现状在于教育资源分配不均。在一些高职院校中，由于经费、设备、师资等方面的限制，学生接触到的专业技能教育资源有限。这可能导致学生在某些领域的技能学习受到影响，无法达到应有的水平。因此，教育资源的分配不均可能会制约学生专业技能素质的全面提升。

高职院校学生在专业技能培养方面存在着理论与实践脱节的现象。虽然理论教学在课堂上得到了充分的重视，但是实践教学却显得有些不足。学生大部分时间都是在课本知识中度过，而缺乏与之相关的实际操作经验。这种理论与实践脱节的情况，会导致学生在真实工作场景中应用所学知识时出现困难，从而影响其专业技能的发挥和应用。

高职院校学生的专业技能缺乏个性化和差异化培养。在当前教育体制下，高职院校的专业技能培养往往是按照统一的标准和模式进行的，缺乏针对不同学生的个性化培养方案。这种“一刀切”的做法，可能会导致一些学生的潜在技能得不到有效的挖掘和培养，而另一些学生可能会因为难度过大而感到挫败。因此，个性化和差异化的专业技能培养模式是当前高职院校需要重视和改进的方向之一。

高职院校学生专业技能素质的现状受到行业需求变化的影响。随着社会经济的发展和科技的进步，各行各业对人才的需求也在不断变化。但是一些高职院校的教学内容和方法却相对滞后，无法及时适应行业的变化和需求的更新。

这可能会导致学生毕业后的专业技能与市场需求不匹配，从而增加了他们就业的难度和就业质量的不稳定性。

高职院校学生的实践机会有限。尽管实践教学在高职教育中占有重要地位，但由于资源限制，学生获得的实际操作机会仍然有限，影响了技能的提升。学生可能缺乏与实际工作场景相符合的实践机会，无法将所学知识与实际工作相结合，从而影响了他们的专业技能素质的全面提升。

高职院校学生专业技能素质的现状存在着教育资源分配不均、理论与实践脱节、缺乏个性化和差异化培养、受行业需求变化影响以及实践机会有限等问题。要想有效解决这些问题，需要高职院校加强教学资源的投入，优化课程设置和教学方法，注重理论与实践的结合，建立个性化的培养机制，及时调整教学内容以适应行业需求的变化，并增加学生的实践机会，提升其专业技能素质的培养水平。

第三节 专业技能素质培养的途径与方法

一、加强实践教学

加强实践教学是当前高等教育中的一项重要任务，它不仅是教育教学改革的需要，也是培养学生实际操作能力、解决问题能力和创新能力的有效途径之一。通过建立与企业合作的实训基地、增设实习岗位等方式，可以有效地促进学生的实践能力培养，提升其专业技能水平，从而更好地适应社会的需求和发展。

加强实践教学有助于提高学生的实际操作能力。在传统的课堂教学中，学生主要是通过理论知识的传授来学习，缺乏实际操作的机会。而通过实践教学，学生可以亲自动手实践所学知识，从中获得实际操作经验，并将理论知识与实际操作相结合，从而更加深入地理解和掌握所学内容。例如，在工程类专业中，学生可以通过实验课程和实习实训等方式，掌握相关的操作技能，提高自己的实际动手能力。

加强实践教学有助于培养学生的问题解决能力。在实践过程中，学生往往会面临各种各样的问题和挑战，需要通过自己的思考和实践来解决。这种过程不仅可以锻炼学生的分析能力和判断能力，还可以培养其解决问题的能力和创新能力。例如，在实训基地或实习岗位上，学生可能会遇到设备故障、工艺问题等各种实际情况，需要他们运用所学知识和技能，独立或协作解决问题，这对于培养他们的实际操作能力和问题解决能力都具有重要意义。

加强实践教学有助于提升学生的综合素质。实践教学不仅要求学生掌握专业知识和技能，还要求他们具备良好的团队合作能力、沟通能力、组织能力等综合素质。在实践过程中，学生需要与同学、教师以及企业员工进行密切的合作和沟通，需要组织和协调各种资源，需要在团队中扮演不同的角色，这些都对于他们的综合素质提出了挑战，也为他们的综合素质培养提供了宝贵的机会。例如，在实习过程中，学生需要与企业员工合作完成一些实际项目，这既可以锻炼他们的团队合作能力，又可以提升他们的沟通能力和组织能力。

加强实践教学有助于提高学生的就业竞争力。随着社会的发展和进步，越来越多的企业更加注重员工的实际操作能力和问题解决能力，而不仅仅是学历和专业知识。因此，具有丰富实践经验和优秀实践能力的学生更容易受到企业的青睐，更容易找到理想的工作。通过实践教学，学生不仅可以积累丰富的实践经验，还可以提升自己的实际操作能力和问题解决能力，从而增强自己的就业竞争力。例如，一些企业在招聘时更倾向于选择具有相关实习经验的学生，因为他们更容易适应企业的工作环境和岗位要求。

加强实践教学对于提高学生的实际操作能力、解决问题能力、综合素质和就业竞争力都具有重要意义。通过建立与企业合作的实训基地、增设实习岗位等方式，可以有效地促进学生的实践能力培养，为他们的未来发展打下坚实的基础。因此，高校应该加大对实践教学的投入和支持，不断探索实践教学的新模式和新途径，为学生提供更加丰富和有效的实践机会，从而更好地满足社会的需求和发展。

二、更新教学内容和方法

更新教学内容和方法在现代教育中至关重要。随着科技的不断发展和社会的变迁，传统的教学内容和方法已经不能完全满足学生的需求。因此，定期更新课程内容、引入最新的行业技术和理念，并采用现代教学方法成为必然选择。

更新教学内容和方法的重要性不言而喻。随着时代的发展，科技、经济、社会等各个方面都在不断变化，传统的教学内容和方法已经跟不上时代的步伐。如果不及时更新教学内容和方法，学生将很难适应社会的变化，也难以掌握最新的知识和技能。因此，更新教学内容和方法可以帮助学生更好地适应社会发展的需要，提高他们的竞争力和就业能力。

引入最新的行业技术和理念是更新教学内容的重要方面之一。随着科技的不断进步，各行各业都在不断涌现出新的技术和理念。如果课程内容停留在过去，学生将无法了解最新的发展动态，也无法掌握最新的技术和方法。因此，定期更新课程内容，引入最新的行业技术和理念，可以帮助学生跟上时代的步伐，为他们的未来发展打下坚实的基础。

除了更新课程内容，采用现代教学方法也是更新教学方法的重要方面之一。传统的教学方法往往是老师讲，学生听，学生的参与度较低，学习效果也较差。而现代教学方法强调学生的主动参与和实践操作，如项目式学习、翻转课堂等。这些方法可以激发学生的学习兴趣，提高他们的学习动力和积极性，同时也可以帮助他们更好地掌握知识和技能。

项目式学习是一种以项目为核心的学习方法。在项目式学习中，学生通过完成一个个真实的项目来学习知识和技能。这种方法强调学生的实践操作和团队合作，可以帮助他们将理论知识与实际应用相结合，培养他们的解决问题的能力和创新精神。此外，项目式学习还可以培养学生的团队合作能力和沟通能力，提高他们的综合素质。

翻转课堂是一种颠覆传统教学方式的教学方法。在翻转课堂中，老师将课堂上讲授的内容转移到课堂外完成，而课堂上则进行讨论、实践等互动性较强的活动。这种方法可以提高学生的自主学习能力和批判性思维能力，激发他们的学习兴趣，促进他们与老师和同学之间的互动和交流。

除了项目式学习和翻转课堂，还有许多其他的现代教学方法可以用于更新教学方法。例如，启发式教学、问题解决教学、合作学习等。这些方法都强调学生的主动参与和实践操作，可以帮助他们更好地掌握知识和技能，提高他们的学习效率和学习成果。

更新教学内容和方法是教育改革的必然选择。定期更新课程内容，引入最新的行业技术和理念，采用项目式学习、翻转课堂等现代教学方法，可以提高学生的学习兴趣和技能掌握效率，为他们的未来发展打下坚实的基础。因此，教育机构和教师应该积极探索和尝试，不断改进教学内容和方法，以适应社会的发展需要，培养更多具有创新精神和实践能力的人才。

三、强化创新能力培养

强化创新能力培养是现代教育体系中的一项重要任务，尤其是在科技发展日新月异的时代。通过举办科技创新大赛、鼓励学生参与科研项目等方式，学校可以有效地激发学生的创新意识和实践能力，为他们未来解决复杂问题的能力打下坚实的基础。

创新能力的培养首先需要营造良好的创新氛围。学校可以通过组织各类科技创新活动，如科技论坛、讲座、展览等，让学生在自由、开放的环境中进行自由的思想交流和创新实践。同时，学校还应该积极倡导鼓励学生表达自己的创新想法，提供各种资源支持，为学生创新提供必要的条件和保障。

学校可以通过举办科技创新大赛来激发学生的创新热情和竞争意识。这种比赛既可以是校内的内部比赛，也可以是与其他学校或地区进行交流和竞争的外部比赛。通过参与比赛，学生不仅可以将自己的创新成果展示给他人，还可以通过与他人的交流和比较，不断提高自己的创新能力和水平。

学校还应该鼓励和支持学生参与科研项目。科研项目是培养学生创新能力的重要途径之一，可以让学生在实际的科研工作中学习和掌握创新方法和技巧。学校可以通过设立科研基金、提供科研实习机会等方式，为学生参与科研项目提供必要的支持和保障，帮助他们更好地开展科研工作，提高创新能力。

学校还可以通过开设创新课程来培养学生的创新能力。创新课程可以包括创意思维、设计思维、创新管理等内容，通过系统的教学和实践，帮助学生掌

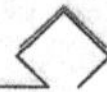

握创新方法和技巧，提高创新能力。同时，学校还可以通过组织创新讲座、工作坊等方式，邀请行业专家和成功创业者来分享自己的创新经验和故事，激发学生的创新潜能，拓展他们的创新视野。

学校还可以通过建立创新实验室和创客空间等平台，为学生提供创新实践的场所和设施。这些平台可以为学生提供创新项目的实施和展示的场地，同时也可以为他们提供必要的工具和设备，帮助他们更好地进行创新实践。同时，学校还可以通过组织创新导师制度，邀请行业专家和老师来指导学生的创新项目，提供必要的指导和支持，帮助他们顺利完成创新任务。

通过举办科技创新大赛、鼓励学生参与科研项目等方式，学校可以有效地强化学生的创新能力培养。同时，学校还可以通过开设创新课程、建立创新实验室等方式，为学生提供必要的创新资源和支持，帮助他们更好地掌握创新方法和技巧，提高创新能力。

四、构建终身学习体系

构建终身学习体系是当今教育领域的重要任务之一。在一个飞速发展的社会中，知识和技能的更新速度前所未有地迅猛，传统的学习模式已经无法满足人们对于学习的需求。因此，构建终身学习体系成为教育改革的重要课题之一。在这个过程中，鼓励学生树立终身学习的观念，提供持续更新知识和技能的机会，适应职业需求的变化是至关重要的。

要鼓励学生树立终身学习的观念，需要从教育的起点就开始着手。学校教育应该注重培养学生的学习兴趣和学习能力，而不仅仅是传授知识。教师可以通过启发式教学、项目式学习等方法，激发学生的学习兴趣，让他们在学习中体验到成就感和乐趣，从而树立起终身学习的观念。同时，学校应该注重培养学生的自主学习能力和问题解决能力，让他们在学习中养成主动探索、主动学习的习惯，这样才能够应对未来不断变化的职业需求。

提供给学生持续更新知识和技能的机会是构建终身学习体系的关键之一。传统的学校教育往往只注重学生的基础知识和基本技能的培养，而忽视了职业发展中所需的专业技能和行业知识。因此，学校应该加强与行业的合作，开设与市场需求紧密相关的课程，为学生提供更多选择的机会，让他们在学习过程中接触到最新的知识和技能。同时，学校还可以通过开设在线课程、短期培训班等形式，为学生提供灵活的学习机会，让他们在工作之余也能够继续学习，不断提升自己的竞争力。

教育机构还应该注重对学生的职业规划和生涯发展的指导。学生在选择学习的方向和发展自己的职业生涯时往往会面临很多困惑和迷茫，而学校作为教育机构，应该承担起为学生提供咨询和指导的责任。学校可以通过开展职业生涯规划课程、举办职业咨询活动等形式，帮助学生了解自己的兴趣和能力，明确自己的职业目标，从而更好地规划自己的未来发展。

要构建终身学习体系，还需要加强对教师和教育工作者的培训和支持。教师作为教育的主体，其专业水平和教学能力直接影响着学生的学习效果和学习态度。因此，教育机构应该加强对教师的培训和支持，提高他们的教学水平和专业素养，让他们能够更好地引导学生，帮助他们树立终身学习的观念，为他们提供持续更新知识和技能的机会。

构建终身学习体系是教育改革的重要课题之一。通过鼓励学生树立终身学习的观念，提供持续更新知识和技能的机会，加强对学生的职业规划和生涯发展的指导，以及加强对教师和教育工作者的培训和支持，可以逐步构建起一个完善的终身学习体系，为每个人的学习和职业发展提供更好的支持和保障。

第六章 高职院校学生身心健康素质的培养

第一节 身心健康素质的内涵与重要性

一、身心健康的定义

身心健康是人类生存和发展的基础，对个体的生活质量、社会和谐稳定具有不可估量的重要性。其内涵涉及了身体健康、心理健康和社会适应能力等方面。身心健康的定义不仅仅涉及了身体健康，也包括了心理健康和社会适应方面的完整福祉。

在现代社会，人们对身体健康的关注往往表现为追求健康的饮食习惯、规律的运动锻炼以及避免有害的生活方式等。一个健康的身体是身心健康的基础，它不仅让人们在工作、学习和生活中能够更为高效地进行，同时也使得个体更有能力去应对各种挑战和压力。身体健康的重要性不言而喻，它是保障个体正常生活和社会参与的前提。

与此同时，心理健康作为身心健康的重要组成部分，也越来越受到人们的关注。在压力和焦虑等心理问题日益突出的现代社会，人们更加意识到了心理健康的重要性。拥有良好的心理健康意味着个体能够更好地处理情绪、应对挑战，更积极地面对生活中的各种困难和挫折。心理健康的重要性不仅体现在个体的自身福祉上，还体现在个体与他人和社会的良好互动中，有利于建立积极的人际关系和社会关系，推动社会的和谐发展。

除了身体健康和心理健康外，社会适应能力也是身心健康的重要组成部分。拥有良好的社会适应能力意味着个体能够与周围环境和社会进行有效互动，适应社会发展和变化，同时也能够在社会中发挥自己的作用。社会适应能力包括了人际交往能力、沟通能力、解决问题的能力等多个方面，它们对于个体在社会中的地位和角色起着至关重要的作用。一个具有良好社会适应能力的个体不仅能够更好地融入社会，还能够更好地实现自己的个人发展目标。

身心健康素质的内涵涉及了身体健康、心理健康和社会适应能力等多个方面，它们相互交织、相辅相成，共同构成了个体健康和幸福的基础。身心健康对于个体的生活质量、社会的和谐稳定具有不可替代的重要性。因此，我们应该充分重视身心健康，通过健康的生活方式、心理调适和社会互动等方式，不断提升自己的身心健康素质，从而更好地适应社会发展和变化，实现个体和社会的共同发展。

二、全人教育的核心

在高职教育中，培养学生的身心健康素质是全人教育的核心部分。健康的身心状态不仅影响学生的学习效率，还关系到他们的人生态度、职业发展和社会交往能力。

身心健康素质的内涵与重要性在于它涵盖了个体的身体健康、心理健康以及社会适应能力。身体健康是指个体身体器官的正常功能状态以及身体的生理指标符合健康标准。拥有良好的身体健康意味着学生具备了充沛的体力和健康的免疫系统，能够更好地应对各种挑战和压力。心理健康是指个体心理状态的良好，包括对自我的认知、情绪的调节能力、压力的处理能力等方面。拥有健康的心理状态可以使学生更加积极乐观地面对生活中的各种困难和挑战，有利于形成健康的人生态度。社会适应能力是指个体在社会环境中的交往能力、沟通能力、解决问题能力等。拥有良好的社会适应能力可以使学生更好地与他人合作、沟通交流，更好地适应社会的发展和变化。

身心健康素质的重要性主要体现在以下几个方面。首先，健康的身心状态是学习的基础。只有身心健康的学生才能够有充沛的精力和注意力来投入学习，才能够更好地吸收和掌握知识。其次，健康的身心状态是人生成功的基础。拥有良好的身心健康素质可以使学生更加自信、积极地迎接挑战，更有可能取得优异的学业成绩和职业发展。健康的身心状态是社会稳定和谐的基础。一个健康的个体不仅能够为社会作出更大的贡献，还能够为他人提供更多的帮

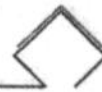

助和支持，从而促进社会的发展和进步。

全人教育的核心是以人为本，关注个体的全面发展。在高职教育中，全人教育的核心目标是培养学生的身心健康素质，使他们具备良好的学习能力、综合素养和社会责任感。身心健康素质作为全人教育的核心内容，是高职教育的重要任务之一。

全人教育要注重培养学生的身体健康。高职学生作为社会的栋梁之才，应该注重身体锻炼，保持良好的体魄。学校可以通过开设体育课程、举办体育比赛等活动，引导学生养成良好的生活习惯，增强体质。同时，学校还可以加强食品安全教育，提高学生的营养意识，保证学生的饮食健康。

全人教育要注重培养学生的心理健康。高职学生在学习和生活中面临着各种各样的压力和挑战，容易产生焦虑、抑郁等心理问题。学校可以通过开展心理健康教育活动、建立心理咨询服务机构等方式，帮助学生树立正确的人生观和价值观，提高心理抗压能力，更好地应对各种困难和挑战。

全人教育要注重培养学生的社会适应能力。高职学生毕业后将面临社会的各种挑战和竞争，需要具备良好的社会适应能力才能够胜任各种工作和角色。学校可以通过开展社会实践活动、组织学生参与社会志愿服务等方式，培养学生的团队合作意识、沟通能力和解决问题能力，提高学生的社会适应能力。

身心健康素质是全人教育的核心内容之一，在高职教育中具有重要的意义和价值。学校应该充分重视身心健康素质的培养，采取有效措施，帮助学生养成良好的生活习惯，树立正确的人生观和价值观，提高学生的社会适应能力，为学生的全面发展奠定坚实的基础。

三、促进学业成功

身心健康素质的内涵与重要性是一个复杂而深远的议题。在探讨这个话题之前，让我们首先明确身心健康的概念。身心健康并非仅仅指身体的健康或者心理上的平衡，而是指身体和心理两个方面的综合状态。它涵盖了身体健康、情感健康、心理健康以及社会健康，是一个人整体健康状况的综合体现。

身心健康包括了身体健康。这意味着一个人的身体器官功能良好，没有严重的身体疾病或残障，能够正常进行日常生活和活动。身体健康对于一个人的生活至关重要，它直接影响着个体的生存和生活质量。一个身体健康的人通常会更有活力、更有动力去面对生活中的各种挑战，从而更有可能取得成功。

身心健康也涉及情感健康。情感健康包括了个体对自己和他人的情感认知和处理能力。一个情感健康的人能够理解自己的情感状态，能够有效地表达自己的情感需求，也能够理解和尊重他人的情感。情感健康的人通常会更具有社交能力，更容易建立良好的人际关系，这对于一个人的个人发展和社会交往都至关重要。

身心健康还包括了心理健康。心理健康是指一个人的心理状态良好，没有严重的心理障碍或疾病，能够有效地应对生活中的各种压力和挑战。一个心理健康的人通常会更具有自信心和自尊心，更能够积极应对困难和挫折，更有可能取得成功。

身心健康也包括了社会健康。社会健康是指一个人在社会生活中的适应能力和交往能力。一个社会健康的人能够与他人和谐相处，能够适应不同的社会环境，能够为社会作出积极的贡献。社会健康对于一个人的社会地位和生活质量都有着重要的影响。

身心健康包括了身体健康、情感健康、心理健康以及社会健康，是一个人整体健康状况的综合体现。身心健康对于一个人的生活至关重要，它直接影响着个体的生存和生活质量，也影响着个体的个人发展和社会交往。因此，我们应该重视身心健康，关注和维护自己的身心健康，从而更好地实现个人的发展目标和生活价值。

良好的身心健康可以提升学习效率。一个身心健康的学生通常拥有良好的体能和精力，能够更好地集中注意力，更有效地进行学习。相比之下，身体或心理上的不健康状态会影响学生的学习状态，使其难以集中注意力，导致学习效率降低。因此，身心健康对于学生的学习效果至关重要。

良好的身心健康可以提升学习动力和积极性。一个身心健康的学生通常会更有自信心和自尊心，更能够积极应对学习中的各种挑战和困难。相比之下，心理上的不健康状态会降低学生的学习动力和积极性，使其对学习失去兴趣，导致学习动力不足。因此，身心健康对于学生的学习动力和积极性也具有重要影响。

良好的身心健康可以提升学生的情感稳定性和抗压能力。一个身心健康的学生通常能够有效地处理学习和生活中的各种压力和挑战，保持情感稳定，不受外界环境的影响。相比之下，心理上的不健康状态会使学生情感波动较大，容易受到外界环境的影响，导致情绪不稳定，影响学习效果。因此，身心健康对于学生的情感稳定性和抗压能力有着重要的影响。

四、长远影响职业生涯

身心健康素质是指一个人在身体和心理方面的健康状况，它包括了身体的健康状态、心理的平衡以及社会适应能力等多个方面。这种素质的内涵十分广泛，它不仅仅是指身体的健康状况，更包括了一个人的心理状态以及社会交往能力等方面。身心健康素质对于一个人的整体发展和未来职业生涯有着至关重要的作用。

身心健康素质的内涵在于保持身体的健康状态。一个人只有身体健康，才能够有充沛的精力去从事各种工作和学习，才能够有更好的工作表现。身体健康对于职业生涯的成功至关重要，因为只有身体健康的人才能够拥有更高的工作效率，才能够有更多的精力去应对工作中的各种挑战。而且，良好的身体健康状态还可以降低患病的风险，减少健康问题导致的工作中断和效率下降，从而为职业生涯的发展提供有力的保障。

身心健康素质的内涵还在于维护良好的心理状态。一个人的心理健康状况直接影响着他在工作和生活中的表现。良好的心理状态可以让人更加乐观向上，更加积极主动地去应对各种挑战和困难，从而在职业生涯中取得更好的成绩。而且，心理健康还可以增强一个人的应变能力和抗压能力，使其能够更好地适应工作和生活中的各种变化，从而更好地实现个人的职业发展目标。

身心健康素质的内涵还包括了良好的社会交往能力。一个人的职业生涯往往需要和各种不同的人进行合作和交流，良好的社会交往能力可以帮助一个人更加顺利地与他人进行沟通和合作，从而更好地完成工作任务。而且，良好的社会交往能力还可以让一个人在职场中更加受人欢迎，有利于建立良好的人际关系，从而为自己的职业发展打下良好的基础。

身心健康素质的内涵十分广泛，它不仅仅是指身体的健康状况，更包括了心理状态和社会交往能力等多个方面。身心健康素质对于一个人的整体发展和未来职业生涯有着至关重要的作用，它不仅可以提高一个人的工作效率和工作表现，还可以增强一个人的应变能力和抗压能力，有利于个人在职场中取得更好的成绩。因此，我们应该重视身心健康素质的培养，努力提高自己的身心健康水平，从而更好地实现个人的职业发展目标。

第二节　高职院校学生身心健康素质的现状分析

一、普遍存在的压力和焦虑

（一）学业压力

学生面临大量的课业任务，包括课堂学习、实习实训、作业、考试等，时间安排紧张，压力倍增。在高职院校，学生之间的竞争日益激烈，不仅要与同学竞争，还要与其他院校的学生竞争，这种竞争加剧了学业压力。高职院校的课程更加注重实践能力培养，因此学生需要花费更多的时间在实践项目上，增加了学业压力。

（二）就业压力

当前社会就业市场不稳定，高职院校学生担心自己的就业前景，增加了心理压力。许多行业对高职院校毕业生提出了更高的要求，包括专业技能、工作经验等，学生担心自己的能力是否能够胜任工作，增加了焦虑感。

（三）人际关系压力

在高职院校，学生要与来自不同地区、不同背景的同学相处，可能会遇到沟通困难、人际冲突等问题，影响心理健康。部分学生可能因为与老师之间的关系不和谐，或者因为教学方式不适应而感到有压力。

（四）生活压力

部分学生家庭经济状况不佳，需要自己打工维持生活，经济压力大，影响

学习和心理健康。校园生活可能存在安全隐患、卫生问题等，影响学生的身心健康。部分学生可能因为不良的生活方式，如不规律的作息、不健康的饮食习惯等，导致身心健康问题。

二、生活习惯问题

高职院校学生的生活习惯问题是当前需要深入研究和解决的重要议题之一。不规律的作息时间、不均衡的饮食习惯以及缺乏体育锻炼已成为许多高职院校学生普遍存在的困扰。这些不良生活习惯直接威胁着学生的身心健康，可能对他们的学业表现和未来发展造成严重的负面影响。

不规律的作息时间是高职院校学生普遍存在的问题。由于学业压力、社交活动以及娱乐消遣等因素的影响，许多学生常常无法保持固定的睡眠时间。有的学生熬夜赶作业或者参加社团活动，导致白天困倦、精神不集中，严重影响了课堂学习和学习效率。而有些学生则是过度沉迷于手机、电脑等电子设备，长时间使用这些设备不仅增加了眼睛的负担，还会影响睡眠质量，进而形成恶性循环。

不均衡的饮食习惯也是高职院校学生普遍存在的问题之一。许多学生由于忙碌的学习和生活节奏，常常选择速食、方便面等加工食品作为主食，蔬菜水果摄入量不足，营养不均衡。这种不健康的饮食习惯容易导致营养不良或者肥胖等健康问题，影响身体的正常生理功能。此外，一些学生为了减轻学业压力或者满足情绪需求，会选择过量食用零食、甜食等高热量食物，增加了肥胖、糖尿病等慢性疾病的风险。

缺乏体育锻炼也是高职院校学生普遍存在的生活习惯问题之一。随着学习和社交活动的增加，许多学生的课余时间几乎全部用于学习和休息，很少有时间参加体育锻炼。长期以来，缺乏体育锻炼会导致学生身体素质下降，抵抗力减弱，容易患上各种疾病。而且，缺乏运动也会影响学生的心理健康，容易出现情绪波动、焦虑、抑郁等问题，严重影响学生的学习和生活质量。

生活习惯问题严重影响着高职院校学生的身心健康。不规律的作息时间、不均衡的饮食习惯以及缺乏体育锻炼已经成为制约学生健康发展的重要因素。

因此，有必要采取有效措施，引导和帮助学生树立正确的生活方式，提升他们的身心健康水平。

三、心理服务资源不足

在当今社会，随着人们对于心理健康认识的不断加深，高等职业教育中学生的心理健康问题也逐渐受到了广泛的关注。特别是在高职院校中，学生群体因其特殊的学习环境和生活背景，面临着更为复杂多变的心理健康挑战。这些挑战主要表现在心理适应问题、心理压力管理、人际交往能力、自我认知和发展等方面。尽管高职院校已经开始重视并努力改善学生的心理健康状况，但在心理服务资源的配置上仍存在不少问题和挑战。

心理服务资源的不足是一个普遍存在的问题。在很多高职院校中，心理健康教育和心理咨询服务的资源配备远远不能满足学生的实际需求。一方面，心理健康教育在课程设置中的比重较小，缺乏系统性和针对性的教学计划和内容。另一方面，心理咨询服务的人员和设施配备不足，许多院校只有寥寥几名甚至只有一名专职心理咨询师，难以覆盖全体学生的咨询需求。此外，心理咨询室的环境和设施往往也不能提供一个良好的咨询氛围，这些都严重影响了心理服务的质量和效果。

学生对于心理服务资源的认知和利用程度不高也是一个重要问题。很多学生对于心理健康的重要性认识不足，即使面临心理困扰也往往选择沉默或自我解决，而不是寻求专业的心理咨询服务。即便是有意寻求帮助的学生，也常因不知道如何获取心理服务资源或担心被他人知晓而退缩。这种情况在一定程度上加剧了心理问题的隐匿性，使得问题学生得不到及时有效的干预和帮助。

心理服务资源的专业性和多样性不足也是一个不容忽视的问题。尽管高职院校已经开始引入心理健康教育和咨询服务，但在服务内容和方法上往往缺乏针对性和创新性。许多心理咨询服务仍旧停留在传统的面对面咨询方式，难以满足学生多样化的需求。此外，心理服务人员的专业水平和服务能力也参差不齐，有的心理咨询师可能缺乏针对高职院校学生特定心理问题的诊疗经验和方法，这直接影响了心理服务的效果和学生的满意度。

 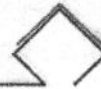

心理服务资源的整合和协调机制不完善也是一个突出问题。在一些高职院校中，心理健康教育和咨询服务往往是孤立运作的，缺乏与学生工作、教学活动以及社区资源的有效衔接。这种碎片化的服务模式不仅降低了心理服务资源的利用效率，也限制了心理健康教育的影响范围和深度。因此，如何建立一个跨部门、多元化的心理服务资源整合机制，是提升心理服务质量和效果的关键。

尽管高职院校在推进学生心理健康工作方面已经取得了一定的进展，但在心理服务资源的配置和利用方面仍存在不少问题和挑战。这些问题既包括心理服务资源的绝对量不足，也包括资源的利用效率低、服务内容和方法的单一性以及服务体系的不完善等。面对这些问题，高职院校需要进一步提高对学生心理健康问题的认识和重视，通过增加投入、创新服务模式、完善服务体系等措施，有效提升心理服务资源的质量和效果，为学生的健康成长和全面发展提供坚实的保障。

四、社会技能发展缺乏

在探讨高职院校学生身心健康素质的现状时，我们发现多个层面的问题，其中一个显著且普遍存在的问题是社会技能发展的缺乏。社会技能，尤其是团队协作能力和人际交往能力，是学生适应社会、成功就业乃至未来职业发展的关键因素。然而，当前高职院校学生在这些方面普遍存在不足，这一问题的根源和影响是多方面的。

高职院校学生社会技能发展的缺乏，部分原因在于教育体系内部的缺陷。高职教育在课程设置上往往更加注重专业技能的培养，而忽视了软技能，如社会技能和情感智能的培养。这种教育模式导致学生在专业知识和技能上可能有较好的表现，但在必须与人沟通协作的情境中则显得力不从心。此外，高职院校的课堂教学往往采取传统的教师讲授和学生听课的模式，学生参与度不高，这种模式不利于培养学生的主动学习能力和团队合作精神。

社会环境的变化也对高职院校学生的社会技能发展构成挑战。随着互联网和社交媒体的普及，虚拟交流成为年轻人的主要交往方式，这在一定程度上削弱了面对面交流的能力和需求。缺乏现实交往的机会和经验，使得部分高职院校学生在真实的社交场合中感到不适应或缺乏自信。

家庭因素也是影响高职院校学生社会技能发展的一个重要方面。现代家庭结构的变化，如单亲家庭的增多、家庭成员之间交流的减少等，都可能对孩子的社会技能发展产生负面影响。在缺乏足够的家庭交流和支持的环境中长大的学生，可能在人际交往和情感表达方面存在障碍。

影响深远的是，社会技能的缺乏直接影响了高职院校学生的心理健康。人际交往能力不足可能导致学生感到孤独和被排斥，进而引发焦虑和抑郁等心理问题。同时，团队协作能力的不足也会影响学生在学习和工作中的表现，导致自信心下降，形成一个恶性循环。

从长远来看，社会技能的缺乏将严重影响高职院校学生的职业发展。在当前竞争激烈的就业市场中，除了专业技能外，雇主也越来越重视应聘者的社会技能，如团队合作、沟通能力、领导能力等。缺乏这些技能的学生在求职过程中将处于不利地位，即使成功就业，也可能因为这些软技能的不足而在职场上遇到更多挑战。

高职院校学生在社会技能，尤其是团队协作和人际交往能力方面普遍存在不足，这一问题的根源包括教育体系内部的缺陷、社会环境的变化、家庭因素等多个方面。这些问题的存在不仅影响学生的心理健康和社会适应能力，也将对他们的未来职业发展构成长远的挑战。因此，探索和解决这一问题是提升高职院校学生身心健康素质、促进其全面发展的关键。

第三节　身心健康素质培养的途径与方法

一、开设心理健康教育课程

在当前社会快速变化的背景下，高职院校学生面临着前所未有的压力和挑战。这些压力既有来自学业的，也有来自未来就业的，还有来自人际交往的。这些压力，如果不加以适当的管理和调节，很容易导致学生的心理健康问题。因此，如何有效地培养高职院校学生的身心健康素质，特别是心理健康素质，

成为教育工作者必须面对和解决的问题。本文将探讨开设心理健康教育课程作为提升学生身心健康素质的途径和方法。

高职院校应开设心理健康教育课程，这是培养学生心理健康素质的重要途径。心理健康教育课程可以为学生提供必要的心理健康知识，帮助他们了解心理健康的重要性，认识到心理问题的普遍性和可调节性。通过系统的学习，学生可以掌握基本的心理健康维护和促进的知识，比如情绪管理、压力应对、人际交往和自我认识等。这些知识不仅对他们当前的学习和生活有帮助，对他们将来的职业生涯和人生道路也具有长远的意义。

开设心理健康教育课程还可以提高学生的心理自我调节能力。心理自我调节能力是指个体在遇到挑战和压力时，能够有效地调整自己的情绪和行为，保持心理健康的能力。这种能力是学生成功应对各种生活挑战的关键。通过心理健康教育，学生可以学会如何识别和调节自己的情绪，如何有效地应对压力，如何建立和维护积极的人际关系等。这些技能的学习和训练，可以帮助学生在面对困难和挑战时，更加自信和从容。

通过开设心理健康教育课程，学生还可以学习到应对压力和挑战的有效方法。在当前社会竞争激烈的环境中，学生难免会遇到各种压力和挑战，如何有效地应对这些压力和挑战，是每个学生都必须面对的问题。心理健康教育可以为学生提供科学的应对策略，比如时间管理技巧、目标设置技巧、解决问题的方法等。掌握这些技巧，可以帮助学生在面对压力和挑战时，能够更加理性和有效地做出反应，从而减轻压力的负面影响，提高生活和学习的质量。

除了开设心理健康教育课程外，高职院校还应该采取其他措施来全面提升学生的身心健康素质。比如：建立健全的心理健康服务体系，为学生提供专业的心理咨询和辅导服务；开展丰富多样的文体活动和社会实践活动，为学生提供展示自我、锻炼身心的平台；加强师生和同学之间的交流和沟通，营造积极健康的校园文化氛围；关注学生的个性化需求，提供个性化的指导和支持；等等。这些措施相互配合，可以更有效地促进学生身心健康的全面发展。

开设心理健康教育课程是培养高职院校学生身心健康素质的重要途径和方法。通过这种教育，学生可以获得必要的心理健康知识，提高心理自我调节能力，学会应对压力和挑战的有效方法。同时，高职院校还应采取其他措施，从多方面促进学生身心健康的全面发展。只有这样，才能培养出既有良好心理素质，又能积极应对社会挑战的高素质人才。

二、加强体育锻炼和健康教育

加强体育锻炼和健康教育是提高身心健康素质的重要途径之一。在快速发展的现代社会中，人们面临着越来越多的生活压力和健康挑战，特别是对于学生群体来说，如何在紧张的学习生活中保持良好的身体和心理状态，成为一个亟待解决的问题。因此，通过开展多样化的体育活动和课程，鼓励学生积极参与，不仅可以增强他们的体质、促进他们的心理健康，还可以帮助他们树立正确的健康观念，形成良好的生活习惯。

体育锻炼对于提高学生的身体素质有着直接和重要的作用。定期参与体育活动可以增强心肺功能，提高免疫力，预防各种慢性疾病。此外，体育锻炼还可以帮助学生增强肌肉力量，改善体态，提高身体的协调性和灵活性。对于学生群体来说，参与体育活动还有助于缓解学习压力，通过运动释放压力，使他们能够以更加积极和健康的态度面对学习和生活。

体育锻炼也是促进学生心理健康的有效手段。运动可以促进大脑释放内啡肽等物质，这些物质被称为“快乐激素”，可以帮助减轻焦虑和抑郁情绪，提高心理的幸福感。此外，通过参与团队运动，学生可以学会团队合作，提高社交技能，增强自信心和自我效能感。这些都是促进学生心理健康发展的重要因素。

除了体育锻炼外，健康教育同样不可或缺。健康教育的目的是通过传授健康知识，引导学生形成正确的健康观念和生活习惯。这包括饮食健康、睡眠卫生、个人卫生、心理健康管理等多个方面。通过系统的健康教育，学生不仅可以了解如何维护自身的健康，还可以学会如何评估和选择健康信息，对各种健康产品和服务进行理性判断。

例如，通过健康饮食教育，学生可以了解到均衡饮食的重要性，认识到各种营养素对身体健康的作用，从而在日常生活中做出更加健康的饮食选择。通过睡眠卫生教育，学生可以了解到充足和高质量睡眠对学习和生活的重要性，

学会采取有效的措施改善睡眠质量。

健康教育还应当关注学生的心理健康问题。通过开展心理健康教育和咨询服务，可以帮助学生认识和管理自己的情绪，学会应对学习和生活中的压力，培养积极的生活态度和应对策略。这不仅有助于预防心理健康问题的发生，还可以促进学生的整体发展。

为了有效地实施体育锻炼和健康教育，学校和教育机构需要采取一系列措施。首先，应当提供丰富多样的体育课程和活动，满足不同学生的兴趣和需求。这既包括传统的体育项目，如篮球、足球、田径等，也包括一些新兴的体育活动，如瑜伽、攀岩、街舞等。其次，学校应当建立一套完善的健康教育体系，将健康教育纳入日常教学计划，通过课堂教学、讲座、研讨会等多种形式，向学生传授健康知识。此外，还可以通过校园媒体、健康主题活动等方式，创造一个健康的学习和生活环境，鼓励学生参与健康活动，形成良好的生活习惯。

加强体育锻炼和健康教育是培养学生身心健康素质的重要途径。通过开展多样化的体育活动和课程，以及系统的健康教育，不仅可以帮助学生提高身体素质，促进心理健康，还可以引导他们形成正确的健康观念和生活习惯，为他们的健康成长和全面发展奠定坚实的基础。

三、提供专业的心理咨询服务

在当代社会，随着生活节奏的加快和社会竞争的激烈，人们面临的心理压力日益增大。尤其是在学校教育环境中，学生不仅要应对学业的压力，还要面对成长过程中的各种心理问题和情感问题。因此，提供专业的心理咨询服务，建立完善的心理咨询服务体系，成为促进学生身心健康发展的重要途径。

建立完善的心理咨询服务体系，是为了满足学生多样化的心理健康需求。在学生中普遍存在的问题包括学习压力、自我认同困惑、人际关系冲突、情绪管理困难等，这些问题往往需要专业的心理咨询师来进行干预和指导。因此，学校和社会应当投入必要的资源，包括财政资助、场地提供和人才培养，以建立一个全面、多层次、可持续发展的心理咨询服务体系。这个体系不仅包括面对面的咨询服务，还应当涵盖线上咨询、心理健康教育、心理危机干预等多种服务方式，以满足不同学生的需求。

配备专业的心理咨询师，是保障心理咨询服务质量的关键。专业的心理咨询师应当具备扎实的心理学理论知识、丰富的临床经验、良好的沟通技巧和高度的职业道德。这要求心理咨询师不仅在接受专业培训时掌握必要的知识和技能，而且在实践中不断学习和成长，以适应不断变化的咨询需求和挑战。因此，学校和相关机构应当加大对心理咨询师专业发展的投入，包括提供持续教育的机会、促进专业交流和研究、建立严格的职业准入制度和监管机制等，以提高心理咨询师的专业能力和服务水平。

提供一对一的咨询服务，是满足学生个性化需求的有效方式。每个学生的心理状况和遇到的问题都有其独特性，因此需要心理咨询师根据每个学生的具体情况，采取个性化的咨询方法和策略。一对一的咨询服务能够为学生提供一个安全、私密的沟通环境，帮助他们更加自由地表达自己的想法和感受，从而更有效地解决问题。此外，一对一的咨询服务还可以增强咨询的针对性和深入性，使咨询师能够更深入地了解学生的心理状态，提供更为精准的指导和帮助。

提供专业的心理咨询服务，还需要社会各界的广泛参与和支持。除了学校和心理咨询机构，家庭、社区和媒体等社会各方也应当承担起促进心理健康的责任。家庭是学生心理健康教育的第一课堂，父母和其他家庭成员应当关注学生的心理健康状况，提供必要的支持和引导。社区应当建立起支持心理健康的环境，提供心理健康教育和服务的平台。媒体则应当承担起普及心理健康知识、倡导健康心理态度的责任，帮助消除社会对心理问题的偏见和歧视。

建立完善的心理咨询服务体系，配备专业的心理咨询师，为学生提供一对一的咨询服务，是培养学生身心健康素质的重要途径。这不仅需要学校和心理咨询机构的专业努力，也需要社会各界的广泛参与和支持。通过共同努力，我们可以为学生提供一个更加健康、和谐的成长环境，帮助他们更好地面对生活中的挑战，促进其全面发展。

四、加强社会技能和职业素养培训

在现代社会中，个人的身心健康素质不仅对其个人发展至关重要，也是社会整体进步的基石。随着经济社会的快速发展和职业环境的不断变化，个人需要具备良好的社会技能和职业素养，以适应社会的需求并在竞争激烈的就业市场中脱颖而出。因此，加强社会技能和职业素养培训成为提升个人身心健康素质的重要途径。

社会技能和职业素养的培养是一个多方面的综合过程，涉及个人的情感、认知、行为等多个层面。这一过程不仅需要个人主动学习和实践，也需要教育机构、家庭、社会等多方面的支持和参与。

教育机构应当发挥其基础性作用，将社会技能和职业素养的培训纳入正规教育体系中。通过设置相关课程，如人际沟通、团队合作、职业规划等，教育学生理解和掌握这些技能的重要性及应用方法。此外，教育机构还可以通过开展各种实践活动、团队项目和社会实践等，为学生提供亲身体验和实践的机会，使学生在实践中学习和运用这些技能，从而加深理解和掌握。

家庭作为个人成长的第一环境，对于社会技能和职业素养的培养同样起着不可忽视的作用。家庭不仅能提供一个学习和实践这些技能的初始平台，还能通过家庭成员之间的相互作用和沟通，帮助个人形成基本的社会适应能力。家长应鼓励孩子参与家庭决策，参加家庭和社区的公共活动，通过这些实际行动，培养孩子的责任感、合作意识和社会参与意识。

社会实践活动是培养社会技能和职业素养的有效途径之一。通过志愿服务、实习实训、参与社区服务等形式，个人不仅能够接触社会，理解社会运作的基本规律，还能在实践中提升自身的问题解决能力、团队合作能力和时间管理能力等。这些活动不仅能够帮助个人建立起对社会的积极态度，也能够在面对未来职业选择和职场挑战时，具备更强的适应能力和竞争力。

在培养社会技能和职业素养的过程中，还应注重个人情感和心理素质的培养。良好的情感管理能力和心理素质是个人适应社会、面对职业挑战的重要保障。通过参与团队活动和社会实践，个人不仅可以学习如何在团队中有效沟通和合作，还可以通过面对和解决问题的过程，增强自信心和抗压能力，从而促进个人整体素质的提升。

随着信息技术的快速发展，数字化工具和平台为社会技能和职业素养的培养提供了新的途径和方法。通过在线课程、虚拟实践平台等，个人可以在更宽广的范围内获取知识和技能，参与更多元化的社会实践活动。这不仅能够提高学习的效率和便利性，也能让个人在面对数字化社会和未来工作环境时，更加自如和有竞争力。

培养社会技能和职业素养是提升个人身心健康素质的重要途径，这一过程需要教育机构、家庭、社会等多方面的共同努力和支持。通过系统的教育培训、实践活动和情感心理素质的培养，个人可以在这一过程中不断成长和进步，最终实现自我价值，为社会的发展作出贡献。

第七章　高职院校学生创新创业素质的培养

第一节　创新创业素质的内涵与重要性

一、创新创业素质定义

在当今日益全球化和技术迅速发展的时代背景下，创新与创业已成为推动社会进步和经济发展的关键力量。在这样的大环境下，个体的创新创业素质不仅关系到个人的发展和成就，也直接影响到社会和国家的创新能力和竞争力。因此，深入理解创新创业素质的内涵与重要性，对于培养未来的创新型人才和推动社会经济发展具有重要意义。

创新创业素质是一个多维度、复合型的概念，它旨在描述个体在面对不确定性和复杂性时，进行创新思考和创业实践的能力与素养。这种素质不仅包括发现问题、分析问题的能力，更重要的是具备通过创新思维和有效整合资源来解决问题的能力。创新创业素质的核心在于创新思维和实践能力的结合，它要求个体不仅要有能够突破常规思维模式的创新意识，还要有将创新想法转化为实际行动的创业精神和实践能力。

创新思维指的是个体在面对问题时能够跳出传统框架，采用新颖独特的视角进行思考和分析的能力。这种思维方式能够激发非传统的解决方案，是创新的起点。

创业意识涉及个体对创业机会的敏感度以及把握和实践这些机会的意愿和能力。创业意识促使个体不仅仅满足于现状，而是积极寻找并利用资源，创造新的价值。

风险管理在创新创业过程中，面对不确定性和潜在的失败是常态。有效的风险管理能力意味着个体能够合理评估风险，制定相应的应对策略，并在必要时勇于承担可控的风险。

资源整合创新和创业往往需要多方资源的支持。个体的资源整合能力包括识别、获取和有效利用内外部资源（如资金、技术、人才等）以实现创新目标和创业计划的能力。

创新创业素质的培养对个体、组织乃至整个社会都具有深远的影响。具备高度的创新创业素质的个体，能够更好地适应快速变化的环境，通过创新解决问题和创造新价值，在职业生涯中获得更多的发展机会和成功。这种素质的培养还能够提升个体的自我实现感和满足感，增强生活的主动性和创造性。在组织层面，创新创业素质是推动组织持续发展、提升竞争力的关键。组织内部培养和激发创新创业素质，可以有效促进知识的更新和技术的进步，增强组织的适应性和灵活性，从而在激烈的市场竞争中占据有利位置。

在社会和国家层面上，创新创业素质的普及和提升是实现可持续发展的关键。创新是推动科学技术进步和经济增长的重要动力，而创业是实现创新成果商业化和社会化的重要途径。培养具有创新创业素质的人才，能够有效促进社会创新氛围的形成，加速科技成果的转化，推动经济结构的优化升级，提升国家的国际竞争力。

创新创业素质的培养对个体发展、组织成长和社会进步都具有不可估量的价值。面对未来社会的各种挑战和机遇，我们应当从教育、企业文化建设、政策制定等多个层面入手，全面提升创新创业素质，为实现可持续性发展奠定坚实的人才基础和文化基础。

二、社会发展需求

在当前这个快速变化的时代背景之下，社会和经济的发展呈现出前所未有的动态性和复杂性。技术进步的加速、全球化的深化以及人口结构的变化，都为社会发展带来了新的挑战和机遇。在这样的背景下，创新和创业不仅成为推动经济增长的核心驱动力，也是实现社会进步的关键因素。对于高职院校学生而言，培养创新创业素质不仅是个人职业发展的需要，更是社会发展的时代要求。

创新创业素质的内涵涉及的范围非常广泛，它不仅包括创新思维和创业精神，还涉及解决问题的能力、团队合作的精神、持续学习的意识以及面对失败的韧性等。这些素质的培养，使得个人不仅能够适应未来复杂多变的职业环境，还能够在面对社会和经济问题时提出创新的解决方案，推动社会进步和经济发展。

创新创业素质的重要性在于它直接关系到一个国家的竞争力和未来发展的潜力。在全球化的今天，各国之间的竞争已经不仅仅是传统的资源和产业竞争，更多的是创新能力和高新技术产业的竞争。那些能够不断创新、快速应对市场变化和社会需求的国家，将会在这场竞争中获得优势。因此，从国家层面来看，培养具有高度创新创业素质的人才，是提升国家竞争力、保障经济持续健康发展的关键。

在社会发展需求方面，随着社会经济的发展，人们对生活质量的要求越来越高，这不仅体现在物质层面，更体现在文化、教育、健康等非物质层面。这就要求社会能够不断地提供新的产品和服务来满足人们多样化的需求。而这些新的产品和服务的创造，就需要依靠创新和创业的精神和能力。因此，社会对创新创业素质的需求是日益增加的。

对于高职院校学生而言，他们正处在人生的关键时期，不仅要为未来的职业生涯做准备，更要为成为未来社会的建设者和领导者做准备。在这样的背景下，高职院校应该把创新创业教育作为重点，通过课程设置、实践活动、项目驱动等多种方式，激发学生的创新思维和创业精神，培养他们解决实际问题的能力和团队合作的精神。这样，不仅能够提高学生的个人竞争力，更能够为社会培养出适应未来发展需求的高素质人才。

创新创业素质的内涵与重要性不容忽视。在快速变化的社会和经济背景下，无论是对个人职业发展，还是对国家竞争力和社会创新能力的提升，创新创业素质都发挥着至关重要的作用。因此，社会各界特别是高职院校应当充分认识到创新创业教育的重要性，采取有效措施，为学生提供一个充满挑战和机遇的学习环境，培养他们成为未来社会的创新者和引领者。

三、促进就业创业

创新和创业素质在当代社会经济发展中的重要性不言而喻。它们不仅是个人职业发展的关键因素，也是推动社会进步和经济增长的重要驱动力。尤其对于高职院校的学生来说，培养和具备创新创业素质，意味着能够在快速变化的职场环境中找到自己的立足点，发掘和创造就业机会，乃至自主创业，为社会带来新的活力和经济增长点。

创新创业素质的内涵是多维度的，它不仅包括创新思维和创业能力，还涵盖了解决问题的能力、团队合作的精神、风险管理的能力等。这些素质共同构成了一个人能否在职场上成功的基础。对于高职院校的学生而言，这意味着他们需要通过系统的学习和实践，掌握如何在现实世界中识别问题、分析问题并找到创新的解决方案。同时，他们还需要学会如何将这些解决方案转化为可行的商业模式，进而实现创业的目标。

具备创新创业素质的高职院校学生能够更好地适应职场的变化。在当今世界，科技的进步和经济的全球化导致职场环境日新月异。这种快速变化的环境要求职场人士不仅要有专业技能，更要有快速学习新知识、新技能的能力，以及适应新环境、新挑战的灵活性。具备创新思维的高职学生能够在面对职场挑战时，通过创造性地思考和解决问题，找到新的机遇，从而保持自己的竞争力。

具备创新创业素质的学生能够发掘和创造就业机会。在经济新常态下，传统的就业机会可能逐渐减少，但新的就业领域和机会却在不断涌现。具有创新思维和创业能力的学生能够识别这些新兴领域的潜在机会，并利用自己的知识和技能，创造新的就业岗位。这不仅为他们自己提供了就业机会，也为社会提供了创新创业素质，还能促进学生的自主创业。自主创业不仅能够实现个人职业生涯的自我价值，还能为社会创造新的就业岗位，推动经济的发展和创新。高职院校的学生通过在学校的学习和实践中培养创新创业素质，能够更好地把握市场需求和发展趋势，创立自己的企业或项目，成为新一代的企业家。

创新创业素质的培养对高职院校学生来说至关重要。它不仅能帮助学生在竞争激烈的职场环境中脱颖而出，发掘和创造就业机会，还能激励他们自主创业，为社会经济的发展贡献自己的力量。因此，高职院校和教育者应当重视创新创业素质的培养，通过提供多样化的学习资源和实践平台，帮助学生掌握这些重要的素质，从而为他们的未来职业生涯和社会的发展铺平道路。

四、培养全面发展的人才

在当今这个快速变化的世界里，创新与创业不仅是推动经济发展的关键动力，也是培养全面发展人才的重要途径。随着科技进步和全球化的深入，社会对人才的需求正在发生着根本性的变化。不再是单一技能或知识的掌握足以应对未来的挑战，而是需要具备多元化能力和综合素质的全面发展人才。在这样的背景下，创新创业教育显得尤为重要，它不仅能够培养学生的创新思维和创业能力，更重要的是能够帮助学生形成终身学习的能力，培养他们面对未知挑战的勇气和信心。

创新创业素质的内涵是多方面的，它包括创新思维、创业精神、团队合作、领导力、批判性思维、解决问题的能力等。这些素质不仅对于创新创业活动至关重要，也是个人在各个领域成功的关键。创新思维是指能够跳出传统思维模式，提出新的观点、新的解决方案。创业精神不仅仅是创立企业的勇气和能力，更包括面对失败的韧性、不断追求目标的毅力。团队合作强调的是与他人共同工作，实现共同目标的能力，而领导力则是指引领团队向着目标前进的能力。批判性思维是对信息进行分析和评价的能力，能够从多个角度看待问题。解决问题的能力则是指在面对挑战时，能够有效地找到解决方案的能力。

创新创业教育的重要性在于，它能够系统地培养这些素质。通过实践活动，如项目设计、创业实践、案例分析等，学生不仅能够学习到知识，更重要的是能够在实践中锻炼自己的创新思维和创业能力。同时，这些活动也能够促进学生之间的交流与合作，培养他们的团队合作精神和领导能力。此外，面对复杂多变的实际问题，学生能够学习到如何运用批判性思维进行分析，以及如何有效地解决问题。这些都是学生在未来社会生活和工作中不可或缺的能力。

更重要的是，创新创业教育能够培养学生的终身学习能力。在知识更新换代日益加快的今天，仅仅依靠在学校期间学到的知识已经远远不够，只有具备了终身学习的能力，才能在未来的生活和工作中持续成长，适应不断变化的环境。通过参与创新创业活动，学生能够意识到知识的重要性和学习的必要性，形成主动学习、持续学习的习惯。这不仅能够帮助他们在当前取得成功，更能够为他们的未来打下坚实的基础。

创新创业教育还能够培养学生面对未知挑战的勇气和信心。在创新创业的过程中，失败是常有的事，但是这些失败经验同样宝贵，它们能够帮助学生学会从失败中吸取教训，增强面对挑战的勇气和自信。这种勇气和自信是学生在任何领域都能够取得成功的重要素质。

创新创业教育不仅是培养学生创新思维和创业能力的有效途径，更是培养全面发展人才的重要手段。通过这样的教育，学生不仅能够掌握知识和技能，更重要的是能够培养出面对未来挑战所必需的综合素质，成为真正的全面发展人才。在未来的社会中，这样的人才将会成为最宝贵的资源，推动社会的持续进步和发展。因此，加强创新创业教育，培养全面发展的人才，是当前教育改革的重要方向之一。

第二节　高职院校学生创新创业素质的现状分析

一、创新意识不强

在当前的教育背景下，高职院校作为职业教育的重要组成部分，肩负着培养学生职业技能与创新创业能力的双重任务。然而，在实际教育过程中，高职院校学生在创新创业素质方面普遍存在不少问题，这些问题严重制约了学生的个人发展以及对社会经济发展的贡献能力。

高职院校学生普遍缺乏强烈的创新意识。在高速发展的社会中，创新是推动个人和社会进步的重要动力。然而，目前很多高职院校的学生对于创新的理解还很浅显，将创新仅仅视为一种理论概念而非行动指南，很难将创新思维转化为实际的行动或成果。这种缺乏将理论知识应用到实践中的能力，限制了学生探索未知领域和解决实际问题的能力。

高职院校学生在创业实践经验方面严重不足。虽然近年来高职院校增加了创业教育的课程和活动，但这些努力往往停留在理论教学层面，缺乏与企业合作的实践平台，使学生难以在校园内外获得真实的创业体验。实践经验的缺乏导致学生在面对创业过程中的风险评估、市场分析、团队管理等实际问题时，感到无所适从。

创新思维的培养与高职院校的教育模式不相匹配也是一个重要问题。当前高职院校的教育仍然以知识传授为主，强调理论学习，而忽视了创新思维和实践能力的培养。这种教育模式导致学生习惯于被动接受知识，而不是主动探索和创新，从而影响了学生创新创业素质的整体水平。

社会环境和文化氛围对高职院校学生的创新创业素质也产生了重要影响。在一些地区和学校，存在对失败的恐惧和对创业风险的过分担忧，这种文化氛围抑制了学生创业的热情和尝试创新的勇气。同时，社会对于高职院校毕业生的创业成功案例关注不足，缺乏足够的正面激励和示范效应，使学生在心理上对创业持有疑虑，不敢轻易尝试。

资源分配的不均衡也是制约高职院校学生创新创业素质提升的一个重要因素。在许多高职院校，创新创业相关的资源，如创业孵化基地、资金支持、导师指导等相对匮乏。这种资源的缺乏不仅限制了学生实践创业的机会，也减少了他们接触创新思维和技术的机会，进一步加剧了学生在创新创业方面的不足。

高职院校学生在创新创业素质方面存在的问题主要包括创新意识不强、缺乏实践经验、教育模式与创新思维培养不匹配、社会文化氛围与资源分配不合理等方面。这些问题的存在严重影响了学生的创新创业能力，也对高职教育的发展目标构成了挑战。因此，深入分析这些问题，并在此基础上探索有效的解决策略，对于提升高职院校学生的创新创业素质，推动高职教育质量的提升具有重要意义。

二、创业经验缺乏

在当前的教育和社会环境下，高职院校学生在创新创业素质方面面临诸多挑战，尤其是在创业经验方面的不足显得尤为突出。这种情况的形成受到多方面因素的影响，其中最主要的因素包括实践机会的稀缺、教育体系与市场需求脱节、资源配备不足、社会环境的不支持以及学生个人能力和心态上的局限。

实践机会的稀缺是导致高职院校学生创业经验缺乏的直接原因。由于教学计划的安排偏重理论教学，缺乏将学生置于实际工作环境中的机会，学生很难在学校期间获得真实的创业经历。即使有部分学校试图通过建立创新创业实践基地或开展创业项目竞赛等方式提供实践平台，但这些活动往往受限于规模、资源和影响力，难以满足广大学生的需求。

当前的教育体系与市场需求之间存在脱节现象。许多高职院校的课程设置仍旧停留在传统工业时代的知识技能传授上，缺乏针对现代市场需求的创新创业教育。这导致学生即便拥有专业知识，也难以将其有效转化为创业实践中的竞争优势。在快速变化的市场环境中，这种脱节使学生在面对真正的创业机会时显得力不从心。

资源配备的不足也是制约学生创业经验积累的一个重要因素。无论是创业所需的资金支持、导师指导还是政策环境的优化，许多高职院校在这些方面都存在明显的短板。缺乏足够的启动资金，学生的创业想法很难落地生根；缺乏经验丰富的导师指导，学生在创业过程中遇到的问题难以得到有效解决；缺乏鼓励创业的政策环境，学生的创业热情被大大抑制。

社会环境对高职院校学生创业经验的积累同样产生了不利影响。社会对于创业失败的容忍度不高，一旦创业失败，学生可能会面临来自家庭、社会的双重压力，这种压力会让许多学生在还未开始创业之旅时就已经止步不前。同时，社会对高职院校学生的创业能力持怀疑态度，这种偏见使得学生在寻求外部资源和支持时会遇到更多阻碍。

学生个人能力和心态的局限也是导致创业经验缺乏的原因之一。由于缺乏必要的创业知识和技能训练，学生在面对创业过程中的各种挑战时往往感到无所适从。此外，创业需要坚韧不拔的精神和积极向上的心态，而目前部分学生存在过于功利或急功近利的心态，这种心态导致在遇到困难时容易放弃，从而错失宝贵的学习和成长机会。

高职院校学生在创业经验方面面临的问题是多方面的，这些问题相互交织在一起，形成了一个复杂的挑战体系。要想改善这一现状，需要教育管理部门、学校、社会各界以及学生个人共同努力，从提供更多实践机会、改革教育体系、增加资源投入、优化社会环境以及提升学生个人能力和心态等多方面入手，才能逐步解决问题，促进高职院校学生创新创业素质的全面提升。

三、教育资源分配不均

在当代的教育体系中，创新与创业教育被广泛认为是学生发展的关键要素，特别是对于高职院校的学生而言，它们不仅是职业技能训练的重要组成部分，也是激发学生潜能、培养其适应未来社会需求的必要条件。然而，在创新创业教育的资源分配上，高职院校之间存在显著的不均衡现象，这一问题严重影响了学生的创新创业素质的提升，体现在多个方面。

教育资源的不均衡分配导致了教育质量的差异。在资源充足的高职院校，学生可以享受到先进的教学设施、丰富的学习材料、高水平的师资队伍以及多样化的实践平台。这些条件不仅为学生提供了广阔的学习视野，也大大提高了学生实践操作的机会，从而有效地提升了学生的创新思维和创业能力。相反，在资源匮乏的高职院校，由于缺乏足够的教学设施和实践平台，学生的学习体验大打折扣，创新创业教育往往流于形式，难以达到预期的教育效果。

教育资源的不均衡分配还影响了师资队伍的建设。高水平的教师是创新创业教育成功的关键，他们不仅需要有深厚的专业知识，还要具备引导学生创新思维和实践的能力。然而，在资源有限的高职院校，由于缺乏足够的资金和政策支持，难以吸引和保留优秀的教师，这直接导致了教学质量的下降和教学成果的不稳定，进而影响学生的创新创业素质的培养。

教育资源的不均衡分配还体现在学生参与实践活动的机会上。创新创业教育强调理论与实践的结合，实践活动是检验和培养学生创新创业能力的重要途径。在资源丰富的院校，学生有机会参与各种实践活动，如企业实习、项目竞赛、创业孵化等，这些活动不仅能够增强学生的实际操作能力，还能够激发学生的创新思维和创业激情。相反，在资源有限的院校，学生很难有机会参与这些活动，从而错失了锻炼和展示自己能力的宝贵机会。

教育资源的不均衡分配也影响了学生的心态和动力。在资源丰富的环境中，学生能够感受到学校对创新创业教育的重视，这有助于激发学生的学习热情和参与意愿。而在资源有限的环境中，学生可能会感到失望和挫败，觉得自己的机会和可能性被限制了，这不利于学生积极性的培养和创新创业素质的提高。

教育资源在高职院校之间的不均衡分配是一个严峻的问题，它不仅影响了教育质量、师资队伍建设、学生参与实践活动的机会，还影响了学生的心态和动力。这些问题共同构成了制约高职院校学生创新创业素质提升的重要因素，需要通过有效的政策和措施加以解决，以实现创新创业教育资源的均衡分配，促进学生全面发展。

四、支持体系不完善

在当前的高职院校教育体系中，学生的创新创业素质培养已成为教育改革的重要方向之一。随着经济社会的快速发展和就业形势的日益严峻，社会对高素质技能型人才的需求不断增长。在这样的背景下，高职院校学生的创新创业素质的培养显得尤为重要。然而，在实际的教育过程中，这一目标的实现却面临着诸多困难和挑战，尤其是在支持体系的完善性方面存在明显的短板。

当前高职院校与企业间的合作模式仍然较为传统，缺乏深度和广度。尽管近年来学校与企业合作的案例逐渐增多，但这种合作多停留在表面，如实习基地的建立、订单式教育等形式，而深层次的、针对性的创新创业支持体系建设却相对缺乏。这种情况下，学生在校期间难以获得真实、有效的创业经验和指导，更难以接触到前沿的创新资源和信息。对于那些有志于创新创业的学生来说，这无疑增加了他们在创业初期的不确定性和风险。

高职院校内部的创新创业支持体系不够完善。尽管一些高职院校已经建立了创新创业教育中心、孵化器等机构，但这些机构在资源配置、师资力量、政策支持等方面仍存在不少问题。例如，一些创业教育中心缺乏高水平的创业导师和企业家资源，无法为学生提供高质量的创业指导和咨询服务；部分孵化器由于资金不足、运营经验不足等，难以为创业团队提供有效的孵化支持。此

外，校内的创新创业政策往往缺乏针对性和实效性，未能形成对学生创新创业行为的有效激励和支持。

高职院校学生在知识结构和能力培养上的不足，也成为其创新创业素质提升的一大障碍。目前，高职院校的课程设置和教学模式还主要以传授专业技能为主，对于培养学生的创新意识、创业能力、团队协作能力等方面投入较少。这导致学生在毕业后，虽然具备一定的专业技能，但在创新思维、市场洞察力、资源整合能力等方面却显得不足，难以应对复杂多变的创业环境。

社会环境和文化氛围的影响也不容忽视。在当前的社会环境中，创业仍然存在着较高的不确定性和风险，而社会文化中对失败的宽容度相对较低，这些因素无疑增加了高职院校学生创新创业的心理压力。同时，社会对于创新创业的支持主要集中在科技创新和高技术企业上，对于高职院校学生更易接触的小微企业、传统行业的创新创业则支持不足，这在一定程度上限制了学生创业项目的类型和领域，也影响了他们创新创业的积极性和效果。

高职院校学生创新创业素质的现状分析显示，尽管高职教育在培养学生创新创业素质方面已取得了一定的进展，但在支持体系的完善性方面仍存在诸多问题和挑战。从校企合作的深度和广度、校内支持机构的建设、课程和能力培养体系的优化，到社会环境和文化氛围的改善，都是高职院校在推动学生创新创业素质提升过程中需要重点关注和改进的方面。只有构建起一个全方位、多层次、高效能的创新创业支持体系，才能真正激发学生的创新创业潜能，为社会培养出更多具有创新精神和创业能力的高素质技能型人才。

第三节 创新创业素质培养的途径与方法

一、整合资源建立平台

在当今这个快速发展的时代，创新和创业已经成为推动经济发展和社会进步的重要力量。对于高职院校来说，培养学生的创新创业素质不仅是教育改革的需要，也是适应社会发展需求的必然选择。然而，如何有效地进行这一培养工作，需要高职院校在多方面进行深入思考和积极探索。

整合资源，建立创新创业平台是高职院校培养学生创新创业素质的基础。在当前的教育和经济环境下，高职院校应当认识到，单靠学校内部的资源是远远不够的。必须通过整合校内外资源，包括政府、企业、社会组织和其他教育机构的力量，共同构建一个开放、包容、互助的创新创业系统。这个平台不仅为学生提供了实验、实训、孵化等一站式服务，还能够让学生在实践中学习和成长，提高其解决实际问题的能力和创新创业的意识。

为了实现这一目标，高职院校可以从以下几个方面着手：首先，与地方政府合作，利用政府的政策和资金支持，为学生创新创业提供必要的条件和环境。其次，与企业建立紧密的合作关系，让学生有机会参与真实的项目，通过解决实际问题来学习和锻炼。再次，建立校企共同管理的实验室和孵化器，提供技术指导和资金支持，帮助学生将创意转化为产品。最后，通过与其他高校和研究机构的合作，分享资源和信息，为学生提供更广阔的学习和实践平台。

除了建立平台外，高职院校还应通过多种途径和方法，有效培养学生的创新创业素质。这包括课程体系的改革，教学方法的创新，以及创新创业文化的培育等。

在课程体系方面，高职院校应当根据行业发展的需求和学生的兴趣，设计包含创新创业理论与实践相结合的课程。这些课程不仅要讲授创新创业的基础知识，还应该包括市场分析、财务管理、知识产权保护等实用内容，以及专业技能的培训。此外，鼓励学生参加创新创业比赛和项目，不仅可以增强学生的实践能力，也能激发他们的创新思维和创业热情。

在教学方法上，高职院校应采用更加灵活和开放的教学模式，如翻转课堂、项目式学习等，让学生在真实或模拟的商业环境中学习，通过实践来掌握知识和技能。同时，教师应当成为学生学习的引导者和支持者，而不仅仅是知识的传递者，鼓励学生自主学习，培养其批判性思维和解决问题的能力。

高职院校还应积极培育创新创业文化，营造一个鼓励创新、容忍失败、追求卓越的氛围。这需要学校在多个层面上做出努力，包括但不限于提供创新创业教育的资源和支持，表彰创新创业的成功案例，为失败的尝试提供反思和学

习的机会，以及建立一个开放交流的平台，让学生、教师和社会各界人士能够共同参与创新创业活动。

高职院校在培养学生创新创业素质的过程中，应当整合内外部资源，建立开放、包容的创新创业平台，通过课程体系的改革、教学方法的创新以及创新创业文化的培育等多种途径和方法，有效地提高学生的创新创业能力。这不仅有利于学生个人的成长和发展，也对促进社会经济的发展和进步具有重要意义。

二、课程体系改革

在当今社会，随着经济的快速发展和全球化趋势的加深，创新与创业已成为推动社会进步和经济增长的重要力量。高等教育作为培养创新创业人才的重要基地，其在创新创业素质教育方面的作用日益凸显。因此，改革高等教育的课程体系，将创新创业教育纳入必修课程，不仅是顺应时代发展的必然选择，也是高等教育自我革新、服务社会发展的重要举措。

课程体系改革的核心在于整合资源，构建开放、灵活的教学体系。通过引入创新思维、市场营销、企业管理等课程，高校能够为学生提供全面、多维的学习内容，不仅涵盖理论知识，还包括实践技能的培养。这种课程设置有助于学生形成系统的知识结构，提高解决复杂问题的能力，为未来的创新创业活动打下坚实的基础。

课程体系改革应注重实践性和创新性的结合。除了传统的授课方式，更应加强案例教学、项目驱动教学、模拟经营等教学方法的运用，通过真实的商业案例分析，学生在实践中学习，在挑战中成长。此外，鼓励学生参与科研项目、创业实践活动，通过竞赛、实习、创业孵化等形式，提升学生的实践能力和创新精神，增强其面对未知挑战的勇气和能力。

课程体系改革还应着重培养学生的跨界融合能力。在全球化的今天，创新往往发生在不同领域的交叉融合中。因此，教育体系应鼓励跨专业学习，为学生提供学习外语、了解其他文化和社会背景的机会，通过跨文化、跨学科的交流与合作，激发学生的创新思维，培养其全球视野和国际竞争力。

课程体系改革还需注重教师队伍的建设。教师是教育改革的执行者和引领者，其专业素养和教学能力直接影响到教育质量。因此，高校应加强教师的培训和职业发展，引进具有实践经验的行业专家参与教学，通过教师的学习和成长，进一步提升教学质量，为学生提供更高水平的教育服务。

课程体系改革应建立在持续评估和反馈的基础上。通过定期的课程评估和质量监控，收集学生、教师、行业专家等多方面的反馈，及时调整和优化课程内容和教学方法。同时，高校应积极探索与企业、研究机构等外部资源的合作模式，通过校企合作、产学研结合，不断丰富教学内容和提高教育的实践性和前瞻性。

课程体系改革是培养创新创业素质的关键环节，需要高等教育机构从课程内容、教学方法、师资队伍建设等多方面入手，构建开放、灵活、实践性强的教学体系。通过不断优化和革新，可以有效提升学生的创新创业能力，为社会培养出更多具有国际视野、跨界融合能力和创新精神的高素质人才。在这个过程中，高校、企业和政府等社会各方应共同努力，为创新创业教育的发展创造更加有利的环境和条件，共同推动社会经济的持续健康发展。

三、加强师资力量建设

加强师资力量建设在教育领域中扮演着至关重要的角色。教师是教育事业中的中坚力量，他们的专业水平、教学质量和教育理念直接影响着学生的学习效果和未来发展。因此，加强师资力量建设不仅可以提升教师自身的能力水平，也能够推动整个教育系统的不断进步，为学生的全面发展创造更为有利的条件。

加强师资力量建设可以提升教师的专业素养。教师作为教育工作者，需要具备丰富的学科知识和教育教学理论，以及良好的教学技能。通过持续的专业培训和学习，教师可以不断更新自己的知识储备，跟上教育发展的最新趋势，提高自身的教学水平和专业素养。这样的专业素养提升将直接影响到教师的教学质量和教学效果，为学生提供更为优质的教育资源和服务。

加强师资力量建设有助于提升教师的教学能力。教师的教学能力是衡量其

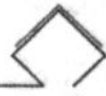

教育质量的重要指标之一。通过系统的培训和培养，教师可以学习到更多有效的教学方法和策略，掌握更多教学技巧和工具，提高课堂教学的针对性、多样性和趣味性。同时，加强师资力量建设也可以帮助教师更好地了解学生的学习特点和需求，提供个性化的教学指导，更好地促进学生的学习进步和发展。

加强师资力量建设还可以培养教师的创新精神和能力。教育领域是一个不断变革和发展的领域，需要教师具备敏锐的洞察力和创新意识，能够及时调整教学方法和策略，以适应不同学生的需求和社会的发展变化。通过开展创新教育培训和项目，提供创新教育资源和支持，鼓励教师勇于尝试新的教学模式和方法，培养他们的创新思维和实践能力，从而不断推动教育教学的改革和创新。

加强师资力量建设还可以促进教师之间的合作与交流。教师之间的合作与交流不仅可以促进教育资源的共享和优势互补，还可以拓展教师的教学视野和思维方式，促进教师的个人成长和专业发展。通过建立教师交流平台和合作机制，组织各类教育研讨会和教学研究活动，加强教师之间的沟通和互动，营造积极向上的教育氛围，从而推动教育事业的不断发展和进步。

加强师资力量建设还可以提升教师的职业发展和社会地位。教师作为教育事业中的中坚力量，其职业发展和社会地位直接关系到教育事业的发展和社会的进步。通过加强师资力量建设，提升教师的专业水平和教学能力，不仅可以激励教师更加热爱教育事业，投入教学工作中，还可以增强教师的职业荣誉感和责任感，提升其在社会中的地位和形象。

加强师资力量建设对于提升教育质量、推动教育改革、促进教育事业的可持续发展具有重要意义。只有不断加强师资力量建设，提升教师的专业素养和教学能力，才能够更好地满足社会对教育的需求，为学生的全面发展和社会的长远进步作出更大的贡献。

四、鼓励实践与交流

在当前全球化与信息化时代背景下，创新创业已经成为推动社会发展与经济增长的重要动力。对于高等教育机构而言，培养具有创新精神和创业能力的学生，不仅是适应时代发展需求的必然选择，也是提高教育质量和竞争力的关键途径。在这一过程中，鼓励实践与交流成为培养创新创业素质的重要手段之一。

实践是知识与能力转化的关键环节。通过参与创业项目实践，学生可以将课堂上学习的理论知识应用到实际中，面对真实的市场环境和挑战，从而深化对知识的理解，提升解决实际问题的能力。实践过程中的尝试与错误，更是促进学生创新思维和创业能力成长的重要途径。例如，学生可以参与学校孵化的创业项目，或是自主发起小规模的创业实践，这些经历不仅能够帮助他们积累宝贵的实战经验，也能够激发他们对创新创业的热情和兴趣。

定期举办的创新创业竞赛和展览会为学生提供了展示自己创意和成果的平台，同时也是他们接受外部评价、学习交流的重要机会。这些活动不仅能够激励学生将自己的创意转化为具体的项目和产品，还能够帮助他们学会如何呈现和推广自己的创意。更重要的是，通过与来自不同学校和领域的参赛者交流，学生可以拓宽自己的视野，了解到更多的创新理念和创业模式，从而激发新的创意和改进的思路。

加强与其他高校及企业的交流合作，是培养创新创业素质的另一个重要途径。通过建立合作关系，学校可以为学生提供更多的实习机会、讲座、工作坊等资源，使学生能够直接接触到企业界和创业圈，了解最新的行业动态和技术发展。这种直接的接触和交流，不仅可以提升学生对行业的认识，还可以帮助他们建立起宝贵的社会网络，为未来的职业发展和创业活动奠定基础。同时，企业界的专家和成功的创业者也可以进入校园，分享他们的经验和教训，为学生提供实践中难以获得的第一手资料和建议。

在实施这些途径和方法时，高等教育机构需要注意几个关键点。首先，需要建立一个支持和鼓励创新创业的文化环境，让学生感受到创新创业不仅是学校鼓励的行为，也是他们个人发展的重要机会。其次，学校应当提供足够的资源和支持，如创业孵化器、创新实验室等，以降低学生创业的门槛和风险。最后，教学内容和方式也应当不断更新，以包含更多关于创新思维、创业管理、市场营销等方面的知识，为学生的创新创业活动提供理论基础和实践指导。

鼓励实践与交流是培养创新创业素质的有效途径。通过实践，学生可以将理论知识转化为实际能力；通过竞赛和展览会，他们可以展示自己的创意并从他人那里学习；通过与其他高校及企业的合作，他们可以拓宽视野、积累经验。为了实现这些目标，高等教育机构需要提供支持性的环境、充足的资源和更新的教育内容，共同推动创新创业教育的发展。

五、开展创新创业项目导师制度

开展创新创业项目导师制度是一项具有重要意义的举措，它旨在通过建立专门的导师制度，为学生提供与行业专家、成功创业者或企业家深度互动的机会，以指导他们在创新创业项目中的策划、实施和评估过程。这一制度的实施可以有效地促进学生创新创业素质的提升，并激发他们的创业热情和动力。

创新创业项目导师制度的建立有助于弥补学校教育与实际需求之间的鸿沟。传统的教育模式往往注重理论知识的传授，而忽视了学生实践能力的培养以及与行业的深度联系。而通过与行业专家、成功创业者或企业家的互动，学生可以更加直观地了解行业发展趋势、市场需求以及实际创业经验，从而使其在创新创业项目中的策划和实施更加贴近市场需求，提高项目的成功率和可持续发展性。

创新创业项目导师制度的实施可以为学生提供丰富的资源支持。作为行业专家或成功创业者，导师往往拥有丰富的资源和人脉，包括资金、技术、人才等方面的支持。通过与导师的深度互动，学生可以借助导师的资源和人脉，为项目的筹备和实施提供有力支持，降低创业的风险和成本，提高项目的成功率。

创新创业项目导师制度的实施有助于培养学生的创新思维和创业能力。与导师的深度互动不仅可以让学生了解行业的发展趋势和市场需求，还可以激发学生的创新思维，帮助他们发现和解决实际问题，培养解决问题的能力和创业精神。同时，通过与导师的交流和指导，学生可以系统地学习和掌握创业所需的知识和技能，提高创业的准备和执行能力。

创新创业项目导师制度的实施有助于激发学生的创业热情和动力。导师作为成功创业者或企业家，他们的成功经验和人生故事往往能够感染和激励学生，激发他们的创业热情和动力。与导师的深度互动可以让学生更加直观地感受到创业的乐趣和挑战，增强他们的创业信心和决心，从而更加积极地投身创新创业的实践中去。

开展创新创业项目导师制度是一项具有重要意义的举措。通过与行业专家、成功创业者或企业家的深度互动，学生可以借鉴导师丰富的经验和资源，提升自身的创新创业素质，同时也能够激发学生的创业热情和动力。因此，各级学校和相关部门应该积极推动这一制度的实施，为学生提供更加广阔的创业发展空间，促进创新创业教育的深入开展，为社会经济的可持续发展作出积极贡献。

第八章　高职院校学生团队协作素质的培养

第一节　团队协作素质的内涵与重要性

一、团队协作的定义

团队协作素质的内涵与重要性是当代社会和职场不可或缺的一环。在这个高速发展且日益全球化的时代，单打独斗已经远远不足以应对复杂多变的挑战和需求，而团队协作的力量则成为推动创新、提高效率和实现目标的关键动力。团队协作，简而言之，是指在一个共同的目标指引下，团队成员之间进行有效的沟通、协调、互助和共同努力的过程。这一过程不仅仅涉及技能和知识的整合，更关乎态度和价值观的融合。

团队协作素质的核心在于个体能够在团队环境中发挥其最大的潜力，同时激发和促进团队其他成员的潜能，以达成共同的目标和愿景。这包含了多个方面：首先是了解团队目标，这意味着每个团队成员不仅要明白团队的最终目的是什么，还要理解自己在实现这一目标中所扮演的角色和责任；其次是沟通技巧，有效的沟通能够确保信息的准确传达，减少误会和冲突，促进团队内部的和谐与协作；再次是相互尊重，每个团队成员都应该尊重他人的观点和贡献，认可每个人的价值和独特性，创建一个包容和支持的团队环境；最后是共同解决问题的能力，面对团队中不可避免的挑战和问题，团队成员需要能够集思广益，共同寻找和实施解决方案。

团队协作的重要性不言而喻。首先，团队协作可以显著提高工作效率和产出质量。当团队成员能够有效协作时，他们可以更快地完成任务，避免重复工作，同时在多样化的思考和技能的基础上提升工作或项目的创新性和质量。其次，团队协作促进知识和技能的分享，每个成员的独特背景和专长都成为团队共同的财富，通过互相学习和分享，整个团队的能力水平和专业知识都能得到提升。此外，良好的团队协作还能增强团队凝聚力和成员之间的信任感，当团队成员彼此信任，共同面对挑战时，他们更能保持积极性和韧性，这对于团队长期的稳定和发展至关重要。

团队协作素质不仅涉及个体的能力和技能，更关乎态度和价值观的匹配和融合。在当今复杂多变的世界中，无论是在企业管理、项目开发，还是在社会服务中，团队协作都是实现目标、创造价值的关键。因此，培养和提升团队协作素质，不仅对于个人职业发展至关重要，对于团队和组织的长期成功和可持续发展也具有深远的影响。通过不断学习和实践，每个人都可以成为一个更好的团队玩家，为团队的成功贡献自己的力量。

二、团队协作的核心价值

团队协作素质是现代组织中一项极为重要的能力，其内涵包含了成员之间有效沟通、共同协作、相互尊重和集体解决问题的能力。这种素质不仅要求个体具备良好的交流技巧和团队精神，还要求团队成员能够跨越个人差异，共同努力实现团队的整体目标。在日益复杂和竞争激烈的工作环境中，团队协作素质的重要性不言而喻，它直接影响到团队的执行效率、创新能力以及最终的成果。

团队协作的核心价值体现在多个方面。它能够促进知识和技能的融合，当团队成员来自不同的背景和专业领域时，他们可以通过协作将各自的知识和技能结合起来，解决单个成员无法独立解决的问题。这种多元化的思维方式不仅能够提高问题解决的效率，还能够激发新的创意和创新，推动项目或组织向更高的目标前进。

团队协作有助于建立一个支持和信任的工作环境。当团队成员相互尊重、开放沟通并积极合作时，他们会感到更加被支持和信任。这样的工作环境不仅有助于提高员工的工作满意度和忠诚度，还能够降低工作压力，提高工作效率。在这样的团队中，成员更愿意分享知识和经验，也更愿意承担风险和尝试新的方法，从而促进了团队整体的成长和进步。

有效的团队协作还能够提高决策的质量。当一个团队在做决策时，如果能够充分利用团队成员的多样性和集体智慧，就能够考虑到更多的角度和可能性，从而做出更加全面和合理的决策。这种决策过程不仅能够减少错误和偏见，还能够增加团队成员对决策的接受度和执行的积极性。

团队协作的实现并不是一件容易的事情，它需要团队成员之间有良好的沟通和相互理解，需要团队领导具有高超的领导技巧，包括设置清晰的团队目标、建立有效的沟通机制、鼓励团队成员的参与和贡献以及处理团队内部的冲突等。此外，组织文化也对团队协作有着重要的影响。一个鼓励协作、创新和多样性的组织文化，能够为团队协作提供良好的土壤和环境。

团队协作素质是实现组织目标的关键，它通过汇聚多元化的思维和技能，提高问题解决的效率和创新能力。有效的团队协作能够促进知识和技能的融合，建立支持和信任的工作环境，提高决策的质量，是任何成功组织不可或缺的要素。为了实现有效的团队协作，需要团队成员、团队领导以及整个组织共同努力，创建一个支持协作、沟通和多样性的工作环境。

三、团队协作与个人发展

团队协作素质的内涵与重要性在当今社会与工作环境中扮演着至关重要的角色，特别是在促进个人发展的过程中。在多元化和互联互通的世界里，团队协作不仅仅是一个术语或一种工作方式，而且是一种必需的素质，它涉及一系列的能力，包括但不限于沟通、协调、解决冲突、共享资源和目标导向。团队协作的核心在于集体智慧的发挥，通过成员间的互补优势，达成共同的目标和成就。在这一过程中，个人发展的机会不断涌现，为参与者提供了一个学习和成长的平台。

通过团队协作，个人可以显著提升其社交能力。在团队环境中，有效沟通是成功的关键。个人需要学会如何清晰地表达自己的想法和意见，同时也需要学会倾听他人的观点和反馈。这种双向沟通的过程不仅增强了个人的表达能力，还锻炼了其倾听和理解他人的能力，从而促进了更深层次的人际交往和团队凝聚力。

团队协作环境是解决问题能力提升的绝佳场所。面对复杂的挑战和问题时，团队成员需要集思广益，将各自的知识、技能和经验汇集起来寻找最佳解决方案。这种集体解决问题的过程不仅提高了团队的效率，也促进了个人在分析问题、批判性思考和创造性解决问题上的能力。通过与团队成员的互动，个人可以学习到不同的解决问题的方法和策略，从而拓宽了自己的视野和思维方式。

更进一步，团队协作还为个人提供了一个观察和学习他人优点的机会。在多样化的团队中，每个成员都有其独特的技能、经验和视角。通过观察和与这些不同背景的人合作，个人可以发现并汲取他人的长处，如领导力、创新能力或决策技巧，这些都是个人发展中不可或缺的元素。此外，通过这种学习过程，个人不仅能够提升自己的技能和能力，还能增进对多元文化的理解和尊重，这在全球化日益加深的今天显得尤为重要。

团队协作中的反馈和评价环节也是个人发展的关键。在协作过程中，成员们会互相提供反馈，指出彼此的优点和需要改进的地方。这种即时的反馈机制不仅帮助个人及时调整和改善自己的行为和工作方式，还促进了个人自我意识的提高和自我管理能力的增强。通过不断的自我反省和调整，个人能够在团队中发挥更大的作用，同时也促进了个人职业生涯的发展和成长。

除此之外，团队协作还带来了角色多样化的机会，使个人能够在不同的角色和任务中尝试和体验，从而发现自己的兴趣和潜能。这种角色的多样性不仅增加了工作的挑战性和乐趣，也使个人能够更好地了解自己的优势和不足，为未来职业发展的方向提供了宝贵的指导。

团队协作对于个人发展具有重大的意义。它不仅能够提升个人的社交能力和解决问题的能力，还为个人提供了学习、成长和自我实现的舞台。在这个过程中，个人能够从团队的多样性中学习到不同的技能和文化，提高自我意识和自我管理能力，同时也为职业生涯的发展奠定了坚实的基础。因此，无论是在学校还是在工作环境中，培养和提升团队协作的素质，对于每个人来说都是一项重要的任务。

 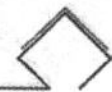

四、团队协作的现代化重要性

在当前快速变化的现代社会和工作环境中，团队协作已成为企业和组织成功的关键。这一现象的背后，是对工作方式的深刻变革以及对创新和效率需求的不断增长。团队协作不仅是一种工作方式，更是一种将个体能力汇聚成集体智慧的艺术，它的重要性体现在多个层面。

团队协作能够显著提高工作效率。在一个协同工作的团队中，成员能够根据各自的专长和能力分担任务，通过有效的沟通和协调，确保工作流程的顺畅和高效。这种分工合作的方式，不仅能够加速项目进度，还能通过集体讨论和反馈，提高决策的质量和执行的准确性。此外，团队协作也有助于优化资源配置，通过共享资源和信息，减少重复劳动和浪费，从而提高整体的工作效率。

团队协作是知识分享和学习的有效途径。在团队合作的过程中，成员们有机会交流自己的知识、经验和观点，这不仅有助于解决工作中遇到的问题，还能促进成员之间的学习和成长。知识的分享和交流，可以使团队成员了解到不同领域的最新发展和技术，激发新的思考和创意，这对于推动创新和适应外部环境的变化至关重要。

团队协作有助于增强团队凝聚力和成员的归属感。当团队成员在共同的目标和任务下工作时，他们之间的相互理解和信任会逐渐增强，共同的经历和成功会增强团队的凝聚力和成员的归属感。这种凝聚力和归属感不仅能够激发成员的积极性和创造力，还能增强他们面对挑战和困难时的韧性和团队协作精神。

团队协作还能够提高员工满意度和忠诚度。在一个鼓励协作和尊重多样性的工作环境中，员工能够感受到自己的价值和贡献被认可，这不仅能够提高他们的工作满意度，还能增强对组织的忠诚度。员工的高满意度和忠诚度对于降低人才流失率、建立稳定的工作团队和维护企业文化至关重要。

实现有效的团队协作并非易事，它要求组织在文化、结构和管理上做出支持和调整。这包括创建一个开放、包容和鼓励创新的企业文化，建立清晰的沟通渠道和团队规范，以及提供必要的培训和资源支持。此外，领导者的作用也不容忽视，他们需要通过树立榜样、鼓励协作和公平地认可每个成员的贡献，来营造一个积极的团队氛围。

团队协作在现代社会和工作环境中的重要性不容忽视。它不仅能够提高工作效率和决策质量，促进知识分享和创新，还能增强团队凝聚力和员工满意度。为了充分发挥团队协作的潜力，组织需要在文化、结构和管理上做出相应的调整和支持，而领导者则需要通过自己的行为和决策，为团队协作创造一个积极和支持的环境。只有这样，企业和组织才能在不断变化的市场环境中保持竞争力，实现可持续发展。

第二节　高职院校学生团队协作素质的现状分析

一、现状分析概述

在当前的教育环境中，高职院校学生的团队协作素质已成为评价其综合能力的重要指标之一。

沟通不畅是高职院校学生团队协作中的一个突出问题。有效的沟通是团队协作的基石，但在实际操作中，很多学生在表达自己的想法、理解他人观点以及有效传递信息方面存在明显的障碍。这种沟通不畅不仅来源于个人表达能力的不足，还与团队内部缺乏开放和包容的沟通氛围有关。因此，信息的误解或传递不全导致了团队决策的失误，影响了团队的整体表现。

缺乏团队意识是高职院校学生在团队协作中常见的另一个问题。在当今个人主义盛行的社会背景下，很多学生习惯于独立工作，对于团队合作的价值和重要性认识不足。这种情况下，学生往往难以把个人的利益与团队的目标相结合，导致个人主义倾向在团队协作中占据主导，影响了团队的凝聚力和协作效率。

合作技能不足也是阻碍高职院校学生团队协作的一个重要因素。虽然理论知识的学习可以为学生提供必要的专业支持，但在实际的团队协作中，如何有效运用这些知识，以及如何在团队中扮演合适的角色，往往缺乏足够的指导和实践。学生在团队中的角色定位模糊，缺乏明确的责任分配，使得团队工作效率低下，难以达成共同的目标。

冲突处理能力弱是高职院校学生团队协作面临的又一难题。在任何团队中，冲突都是不可避免的。然而，高职院校学生在面对团队内部的意见分歧和冲突时，往往缺乏有效的处理机制和策略。一些学生可能采取回避的态度，而另一些学生则可能因为处理不当而使冲突升级。这不仅影响了团队成员之间的关系，还严重阻碍了团队目标的实现。

高职院校学生在团队协作素质上的现状仍然存在着诸多问题。沟通不畅、缺乏团队意识、合作技能不足以及冲突处理能力弱等问题，共同构成了阻碍团队协作效率和质量提升的重要因素。这些问题的存在不仅限制了学生在校学习的效果，更影响了他们步入社会后的职业发展和个人成长。针对这些问题进行深入分析并寻找有效的应对策略，对于提高高职院校学生的团队协作素质，具有重要的现实意义和深远的影响。

二、沟通障碍

在当前的高职院校教育环境中，学生团队协作素质的现状分析是一个复杂而多面的课题。尤其是在沟通障碍方面，我们可以观察到一系列影响团队合作效率的问题。首先，学生之间的沟通往往受限于个人经验和表达能力的不同，这种差异导致信息传递时的不准确性，从而影响团队协作的效率。例如，一些学生可能因为之前缺乏团队合作的经验，不知道如何有效地表达自己的想法和听取他人的意见，这种情况在跨专业或跨文化的团队工作中尤为明显。另外，表达能力的不足不仅仅体现在言语交流上，还包括非语言交流，比如肢体语言和表情的使用。一些学生可能不擅长通过这些非语言手段来传递或解读信息，导致沟通的不畅和误解。

沟通风格的差异也是一个重要因素。不同的学生拥有不同的沟通习惯和偏好，一些人可能更倾向于直接和坦诚的交流方式，而另一些人则可能更喜欢间接和含蓄的方式。这种风格上的差异有时会造成团队成员之间的摩擦和冲突，尤其是当团队需要做出重要决策时，不同的沟通风格可能导致理解上的偏差和决策过程的延迟。

语言能力的限制也是沟通障碍中不可忽视的一部分。在高职院校中，学生来自不同的地区，有的甚至来自不同的国家，他们的母语和第二语言能力水平不一，这在一定程度上限制了他们之间的沟通。尤其是在需要使用第二语言进行交流的情况下，语言能力不足可能导致信息的误传和理解的困难，进而影响团队合作的顺畅进行。

技术障碍也是一个值得关注的问题。随着信息技术的迅猛发展，团队合作越来越依赖于各种沟通和协作工具，如电子邮件、社交媒体、在线会议软件等。然而，并非所有学生都能熟练掌握这些工具的使用。技术障碍不仅包括对特定软件或平台的不熟悉，还包括对于网络礼仪和在线沟通规则的不了解。这种技术上的不适应可能导致信息的延迟传递，甚至信息的丢失，严重影响团队工作的效率和效果。

情绪因素也是沟通障碍的一个重要组成部分。团队成员之间的情绪感染可以影响个体的情绪状态和行为表现，从而影响整个团队的氛围和协作效果。负面情绪，如焦虑、沮丧或愤怒，可能导致沟通过程中的抵触和冲突，而正面情绪，如信任、尊重和鼓励，则有助于促进开放和坦诚的交流。然而，在实际的团队合作过程中，管理和调节个人及团队的情绪是一个挑战，需要成员之间具有高度的情绪智力和相互理解。

文化差异也不容忽视。在多元化的教育环境中，来自不同文化背景的学生在沟通时可能会遇到困难。不同的文化背景带来了不同的价值观、沟通习惯和行为准则，这些差异可能导致误解和沟通障碍。例如，对于权威的态度、对冲突的处理方式以及表达赞同或不赞同的方式，在不同的文化中都有所不同，这些差异需要团队成员通过耐心和努力来克服。

高职院校学生团队协作素质的现状面临着多方面的挑战，尤其是在沟通障碍方面。这些问题的存在严重影响了团队合作的效率和效果，需要通过综合的策略和努力来解决。然而，值得注意的是，本文仅聚焦于问题本身，而没有探讨具体的解决方法。在实践中，解决这些沟通障碍的策略和方法是多样的，包括但不限于培训和教育、团队建设活动、跨文化交流项目等，这些都是值得进一步探索和实施的方向。

三、缺乏团队意识

在当前的教育背景下，高职院校学生在团队协作素质方面存在一些显著的问题，特别是在团队意识方面的缺乏，这一点尤为突出。许多学生更倾向于个人主义，缺少将个人目标融入团队目标中的意识，这不仅影响了团队合作的效率，还在很大程度上削弱了团队合作的意义。

当前的教育环境与社会环境促使学生更加重视个人成就，从而导致部分学生在团队活动中过于注重个人利益，忽视了团队的整体利益。这种倾向不仅表现在学习任务的分配和执行上，还体现在对团队成果的归属感上，很多学生更愿意为自己的成绩和进步负责，而不是团队的整体表现。这种个体主义的倾向减弱了学生之间的合作意识，影响了团队的凝聚力和协作精神。

缺乏有效的团队领导与管理也是导致学生缺乏团队意识的一个重要原因。在一些团队项目中，缺乏明确的角色分配和责任划分，使得团队成员之间的协作出现混乱，进而影响团队的整体效率和成效。同时，缺乏有效的沟通机制和协作平台也使得学生在团队合作过程中难以形成有效的信息交流和意见反馈，导致团队成员之间的误解和冲突增多，进一步削弱了团队的凝聚力和合作意愿。

教育体系内部的评价机制也在一定程度上影响了学生的团队意识。当前的评价体系往往过分强调个人成绩和表现，而忽视了团队协作和集体成就的价值。这种评价机制使得学生在面对团队任务时，更加关注如何通过个人努力获得更高的评价，而不是如何通过团队合作实现共同的目标。这种倾向不仅影响了团队合作的效果，还在一定程度上破坏了团队成员之间的信任和支持。

社会和家庭的影响也不容忽视。在一些家庭和社会环境中，过度的竞争观念和个人主义价值观被强化，这使得学生从小就形成了以自我为中心的世界观。这种从小培养起来的个人主义倾向，随着学生的成长进入高职院校，成为影响其团队协作素质的隐性因素。学生在面对团队任务和挑战时，往往更多地考虑个人的得失，而不是团队的共同目标和利益，这种心态在团队协作过程中造成了很大的障碍。

高职院校学生团队协作素质的现状分析显示，学生普遍存在缺乏团队意识的问题。这不仅体现在个人主义的价值观上，还反映在团队领导与管理的不足、教育评价体系的局限以及社会和家庭影响等多个方面。这些因素相互作用，共同导致了学生在团队协作中的许多问题，影响了高职院校教育的质量和效果。因此，深入理解和分析这些问题的根源，对于提升学生的团队协作素质，促进高职院校教育的全面发展具有重要意义。

四、合作技能不足

在当下的高职院校教育环境中，学生团队协作素质的现状呈现出多方面的问题，其中合作技能的不足尤为突出。团队协作技能是学生在高职院校学习过程中必不可少的一项能力，它涵盖了决策能力、领导力、时间管理能力等多个维度。然而，当前高职院校学生在这些方面普遍存在着显著的不足，这不仅影响了团队的整体表现，也降低了项目成功的可能性。

决策能力的欠缺是一个显著问题。在团队项目实施过程中，决策是推进项目进程不可或缺的一环。高职院校学生在决策方面的不足主要表现在两个层面：一是决策思维的缺乏，许多学生在面对选择时往往缺乏独立思考的能力，难以从团队和项目的整体利益出发做出判断；二是决策经验的缺失，由于缺乏实践经验，学生在遇到复杂问题时往往无从下手，难以做出有效的决策。在这种情况下，团队的决策过程往往拖沓，甚至做出错误的决定，严重影响了项目的进展和质量。

领导力的不足也是一个不容忽视的问题。良好的领导力不仅能够带领团队高效完成任务，还能在团队遇到困难时鼓舞士气、指明方向。然而，在高职院校中，学生往往缺乏培养领导力的机会。一方面，学校提供的实践平台和项目较少，学生缺乏锻炼领导力的实际场景；另一方面，教育体系中对于领导力的培养重视不足，导致学生在领导力方面的培训和提升受到限制。缺乏领导力的学生在团队中往往无法有效地分配资源、协调各方，导致团队运作效率低下，难以达成项目目标。

时间管理能力的不足也是影响团队协作的一个重要因素。时间管理是高效团队运作的基础，然而，许多高职院校学生在这一领域的能力相对薄弱。学生往往难以合理规划自己的时间，面对多个任务时难以进行有效的优先级排序，导致任务延误甚至遗漏。此外，团队内部成员之间在时间管理上的不统一，也

会导致工作进度的不协调，影响团队成员之间的合作和信任。在项目推进过程中，这种时间管理上的不足会直接影响到团队的工作效率和项目的完成质量。

高职院校学生团队在合作技能方面的不足是多方面的，包括决策能力的欠缺、领导力的不足以及时间管理能力的缺失等。这些问题的存在严重影响了团队的整体表现和项目的成功率。要想解决这些问题，需要从教育体制、课程设置、实践平台建设等多个方面入手，全面提升学生的团队协作素质。然而，值得注意的是，这里仅对问题进行了分析，并未涉及具体的解决方法。对于如何有效改善这一现状，还需要进一步的探讨和实践。

五、冲突处理能力弱

在当前的高职院校学生团队中，团队协作素质的现状普遍不尽如人意，尤其在冲突处理能力方面表现得尤为明显。在团队协作中，意见分歧和冲突是不可避免的现象，但在高职院校学生团队中，成员往往缺乏处理这些冲突的有效能力，这不仅影响了团队内部的氛围，也严重阻碍了团队的整体工作进展。一方面，学生们在面对团队内部意见不合时，往往采取避而不谈的态度，希望通过时间来缓解冲突，而不是积极寻找解决问题的方法。这种消极的处理方式，不仅不能从根本上解决问题，反而可能使问题更加复杂化，加深团队成员之间的误解和隔阂。另一方面，高职院校学生在遇到团队冲突时，常常缺乏必要的沟通技巧和情绪控制能力。他们可能在表达自己的观点时缺乏适当的方式和方法，导致本可以通过平和讨论解决的问题升级为个人间的争执。此外，部分学生在遇到反对意见时，可能会表现出过度的情绪反应，如生气、沮丧或者撤退，这些都不利于团队冲突的有效解决。而且，高职院校学生团队中往往缺乏一个成熟的领导者来引导团队正确处理冲突，缺乏领导力的团队很难在冲突中找到合理的解决方案，也难以维持团队成员之间的和谐关系。

高职院校学生在团队协作中往往缺乏对冲突的正面认识。他们可能将冲突视为负面现象，而不是看作推动团队进步和创新的契机。这种观念上的误区导致学生在遇到冲突时，更倾向于回避而不是面对和解决。这种避免冲突的心态，使得团队内部的问题得不到有效的沟通和处理，长此以往，会严重影响团队的凝聚力和执行力。

在团队协作过程中，有效的冲突处理不仅需要个人的情绪管理和沟通技巧，还需要团队成员之间建立起相互尊重和理解的文化。然而，在高职院校的学生团队中，这种文化的缺失是一个普遍存在的问题。团队成员之间往往缺乏足够的信任和开放性，不愿意分享自己的真实想法和感受，这使得团队在遇到冲突时难以开展有效的沟通，难以达成共识。缺乏信任和开放性的文化不仅阻碍了冲突的解决，也影响了团队成员之间的合作和学习。

高职院校学生团队在冲突处理能力上存在诸多问题，包括处理冲突的消极态度、缺乏沟通和情绪控制的能力、缺少有效的领导引导、对冲突的负面认识以及团队内部缺乏相互尊重和理解的文化。这些问题的存在，不仅影响了团队内部的和谐与进展，也阻碍了学生在团队协作中的个人成长和发展。因此，高职院校以及教育工作者需要重视这些问题，通过合理的教育和训练，帮助学生提高团队协作中的冲突处理能力，以促进团队效能的提升和学生个人能力的全面发展。

第三节　团队协作素质培养的途径与方法

一、加强团队建设活动

团队协作素质的培养是现代教育和管理领域中一个极为重要的议题，它不仅关系到个体的发展，也直接影响到整个组织和社会的进步与和谐。在多变的社会环境和复杂的人际关系中，团队协作能力的培养成为一个不可或缺的要素。为了加强这一能力的培养，不同的途径和方法被广泛采用，其中加强团队建设活动是一个十分有效的手段。

通过组织各式各样的团队建设活动，比如户外拓展、团队竞赛等，能够有效增强学生的团队意识和协作精神。这类活动通常要求参与者放下个人利益，以团队的目标为首要考虑，从而促进了团队合作精神的培养。在户外拓展活动中，通过攀岩、穿越障碍等挑战性任务，不仅能锻炼学生的身体素质，还能增

 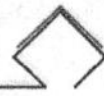

强他们面对困难时的团队协作能力和问题解决能力。这些活动在增强个人心理承受能力的同时，也让学生们学会了如何在团队中发挥自己的作用，如何与团队成员有效沟通和协作，共同完成任务。

团队竞赛则通过设置具体的比赛目标，激发学生的团队意识和竞争意识。在竞争过程中，学生们需要相互协助，充分利用团队中每个成员的优势，以达到共同的目标。这不仅促进了学生之间的相互了解和信任，也提高了他们的沟通和协作技能。通过这种形式的活动，学生们能够体会到团队合作的重要性，学习如何在团队中扮演不同的角色，如何高效地与团队成员沟通和协作，从而在实际工作和生活中更好地应用这些技能。

团队建设活动还可以采取更为灵活多样的形式，如团队讨论、角色扮演、案例分析等。这些活动可以根据学生的兴趣和特点进行调整和设计，使其更具吸引力和有效性。通过团队讨论，学生们可以学习如何在团队中发表自己的意见，如何倾听和接受他人的观点，从而提高团队的决策能力和问题解决能力。角色扮演和案例分析则能让学生在模拟的环境中体验不同角色，理解不同角色的责任和挑战，从而加深对团队工作复杂性的理解。

为了进一步提升团队协作素质的培养效果，还需要关注团队内部的沟通和反馈机制。有效的沟通是团队协作中的核心要素，它能够确保信息的准确传递，减少误解和冲突。因此，在团队建设活动中应当强调沟通技巧的培训，教会学生如何进行有效的沟通和倾听。同时，建立一个积极的反馈文化也是十分必要的。通过定期的团队反馈，成员们可以相互了解自己的优点和需要改进的地方，从而促进个人和团队的成长。

通过加强团队建设活动的方式，可以有效培养学生的团队协作素质。这不仅需要通过各种具体的活动来实现，还需要关注活动设计的科学性、沟通和反馈机制的建立，以及个体在团队中角色的认识和扮演。只有这样，才能真正提高学生的团队协作能力，为他们将来在社会中的成功打下坚实的基础。

二、设置合作学习项目

在当今快速发展的社会中，团队协作能力已经成为个人职业生涯成功的关键因素之一。无论是在学术领域还是在商业世界，有效的团队合作都被证明是实现目标和创新的重要途径。因此，培养团队协作素质成为教育和人才培养中不可忽视的一环。在众多培养途径和方法中，设置合作学习项目是一种行之有效的策略，它能够在实践中锻炼学生的协作能力、共享资源的意识，以及培养解决问题的能力和团队精神。

合作学习项目的设置要求教育者精心设计课程内容和学习任务，使之能够促进学生之间的互动和协作。这些项目不仅仅是集体作业的简单叠加，而且是需要学生们共同策划、分工合作、共同面对挑战、共享成功的过程。在这一过程中，每位成员的角色和贡献都至关重要，这种依赖性加强了团队合作的必要性，从而在无形中提升了团队成员的信任和凝聚力。

为了让合作学习项目发挥最大效果，必须确保项目具有挑战性和实用性。这意味着项目应该与现实世界的问题相结合，鼓励学生们运用所学知识解决实际问题。通过这样的方式，学生不仅能够将理论知识与实践相结合，而且还能够体会到团队合作在解决复杂问题过程中的重要性。

合作学习项目应该鼓励学生自主学习和自我管理。这不仅包括对项目的规划和执行，也涉及团队内部的沟通和冲突解决。在这个过程中，教育者的角色转变为指导者和顾问，而不是传统意义上的知识传递者。这样的角色转变有利于学生发展自我学习的能力，提高解决问题的独立性和创造性。

为了有效培养团队协作素质，合作学习项目还应该注重过程评价和反思。这意味着评价的焦点不仅仅在于项目的最终成果，还包括团队合作的过程、个人贡献和个人发展。通过定期的反思和评价，学生可以了解自己在团队中的角色，认识到自己的长处和需要改进的地方。这种自我认知的过程对于个人能力的提升和团队合作能力的培养都是非常有益的。

为了进一步增强合作学习项目的效果，可以引入跨学科的元素。通过将不同学科的知识和技能融入一个项目中，学生可以从更宽广的视角看待问题，这不仅能够促进创新思维，还能加强学生之间的相互理解和尊重。跨学科项目促使学生跳出自己的舒适区，学习和应用新的知识，这对于培养适应性强、具有多元化解决问题能力的现代人才至关重要。

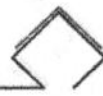

成功的合作学习项目还需要一个支持性的学习环境。这包括提供必要的资源和技术支持，以及创建一个鼓励尝试和容错的文化。学生应该被鼓励去尝试新的方法和策略，即使这些尝试可能不会立即成功。通过这样的实践，学生可以学习如何在失败中找寻教训，如何在挑战中寻找机遇。

设置合作学习项目是培养团队协作素质的有效途径之一。通过精心设计的项目，不仅可以提升学生的专业技能，还能够培养他们的团队精神、沟通能力和解决问题的能力。为了最大化合作学习项目的效果，教育者应该注重项目的实用性和挑战性，鼓励学生自主学习和自我管理，重视过程评价和反思，并创造一个支持性的学习环境。通过这些努力，我们可以培养出既有能力也有责任感的新一代，为他们在未来的学术生涯和职业生涯中奠定坚实的基础。

三、开展角色扮演和模拟训练

在当今复杂多变的社会环境下，团队协作已经成为一个至关重要的能力，而如何培养和提升团队协作素质也是教育界和企业界普遍关注的焦点之一。在这个背景下，开展角色扮演和模拟训练成为一种有效的途径和方法，能够帮助个体和团队更好地理解、实践和提升团队协作的能力。

角色扮演和模拟训练是一种模拟真实场景的教学方法，通过让学生在虚拟的工作场景中扮演不同的角色，模拟真实的团队协作情境，从而让他们在实践中学习如何有效沟通、协作和解决问题。这种方法的核心在于让学生身临其境地体验到真实工作场景中的挑战和压力，从而更加深刻地理解和掌握团队协作的要领。

角色扮演和模拟训练能够帮助学生培养团队意识和团队精神。在模拟的工作场景中，每个学生都扮演着不同的角色，需要相互配合、相互协作才能完成任务。这种体验能够让学生意识到团队的重要性，懂得在团队中扮演自己的角色，并且懂得尊重和倾听他人的意见和建议，从而培养出良好的团队意识和团队精神。

角色扮演和模拟训练能够帮助学生提升沟通能力与协调能力。在模拟的工作场景中，学生需要与其他成员进行有效的沟通和协调，共同制订工作计划、分配任务、解决问题。通过这样的实践，学生能够学会如何清晰地表达自己的想法，倾听他人的意见，寻找共识，有效地解决团队内部的矛盾和冲突，从而提升沟通与协调能力。

角色扮演和模拟训练还能够帮助学生培养问题解决和决策能力。在模拟的工作场景中，学生可能会面临各种各样的问题和挑战，需要及时做出决策并采取行动。这种实践能够让学生学会如何分析问题、找出解决问题的方法，并且勇于承担责任，果断地做出决策，从而培养出良好的问题解决和决策能力。

角色扮演和模拟训练还能够帮助学生培养团队合作能力和创新精神。在模拟的工作场景中，学生需要与其他成员密切合作，共同思考并解决问题，这要求他们具备团队合作能力和创新精神。通过这样的实践，学生能够学会如何发挥团队成员的优势，激发团队的创造力和创新潜力，共同找到最佳的解决方案，从而培养出团队合作能力和创新精神。

角色扮演和模拟训练是一种有效的团队协作素质培养途径和方法，能够帮助学生在模拟的工作场景中实践团队协作，学习如何在不同的角色和情境下进行有效沟通和合作。通过这样的实践，学生不仅能够培养团队意识和团队精神，提升沟通与协调能力，还能够培养问题解决和决策能力，以及团队合作能力和创新精神，从而更好地适应和应对未来的挑战和竞争。

四、提供冲突解决工作坊

团队协作是现代社会中不可或缺的一环，无论是在学校还是工作场所，都需要有效的团队合作来实现共同的目标。然而，由于个体之间的差异性和不同的利益诉求，团队内部常常会产生冲突，如果不及时有效地解决，会对团队的凝聚力和效率造成不利影响。因此，提供冲突解决工作坊成为培养团队协作素质的重要途径之一。

冲突解决工作坊是一种系统化的培训活动，旨在帮助团队成员学习和掌握解决冲突的技巧和方法。首先，冲突解决工作坊可以教授学生如何识别不同类型的冲突。冲突的根源可能是来自个人之间的差异、利益冲突、沟通不畅等多种因素。通过学习识别冲突的特征和表现形式，团队成员可以更加清晰地了解

问题所在，有针对性地采取措施来解决冲突。

其次，冲突解决工作坊可以教授团队成员如何有效地管理冲突。管理冲突不仅仅是解决问题，更重要的是要以积极的态度和方法来处理冲突，避免冲突升级，并且寻求双赢的解决方案。在工作坊中，可以通过案例分析、角色扮演等方式，让学生亲身体验到冲突管理的过程，培养他们的解决问题的能力和情商。

最后，冲突解决工作坊可以教授团队成员积极的解决问题的方法。在解决冲突时，团队成员需要学会倾听、尊重他人的意见，同时也要表达自己的想法和感受。此外，他们还需要学会妥善地处理情绪，保持冷静和理性，以便更好地找到解决问题的办法。通过工作坊的培训，团队成员可以逐渐培养出解决问题的良好习惯和态度，为团队的和谐发展提供有力支持。

除了教授解决冲突的技巧和方法，冲突解决工作坊还可以促进团队成员之间的沟通和理解。在工作坊中，团队成员有机会分享彼此的看法和经验，加深彼此之间的了解和信任。通过开放式的讨论和交流，团队成员可以更加直观地感受到团队合作的重要性，增强团队凝聚力和归属感。

冲突解决工作坊还可以为团队成员提供一个解决问题的平台。在工作坊中，团队成员可以共同讨论和分析团队内部存在的问题，并找到解决问题的方法和策略。通过共同努力解决问题，团队成员不仅可以增进彼此之间的合作和信任，还可以为团队的发展和壮大打下坚实的基础。

提供冲突解决工作坊是培养团队协作素质的重要途径之一。通过定期举办冲突解决工作坊，团队成员可以学习和掌握解决冲突的技巧和方法，提高团队的凝聚力和效率，促进团队的健康发展。同时，冲突解决工作坊也可以促进团队成员之间的沟通和理解，增强团队的凝聚力和归属感。因此，组织和参与冲突解决工作坊对于培养团队协作素质具有重要意义，值得在学校和工作场所广泛推广和应用。

五、实施跨部门合作项目

跨部门合作项目是当今组织中越来越受重视的一种团队发展方式。在一个日益复杂和多元化的商业环境中，组织必须善于整合资源、协调各部门的工作，并且迅速适应变化。通过实施跨部门合作项目，组织可以培养团队协作素质，提高团队整体绩效，实现组织的长期发展目标。

跨部门合作项目有助于培养团队成员的跨团队沟通能力。在这样的项目中，团队成员需要与不同部门的同事进行频繁的沟通和协商，以确保项目顺利推进。这种跨团队沟通不仅要求团队成员表达清晰、准确，还需要他们具备倾听、理解和尊重他人意见的能力。通过与不同部门的同事合作，团队成员可以学会如何有效地沟通，增进团队间的理解和信任。

跨部门合作项目可以帮助团队成员学会协调资源。在一个跨部门项目中，不同部门可能会拥有不同的资源和优势。团队成员需要学会如何协调这些资源，使其能够最大限度地发挥作用，达到项目的共同目标。这需要团队成员具备较强的组织和协调能力，能够合理安排资源的使用，并且解决资源分配中可能出现的冲突和问题。

跨部门合作项目有助于团队成员学会解决问题。在一个跨部门项目中，团队成员可能会面临各种各样的问题和挑战，包括跨部门冲突、资源不足、沟通障碍等。团队成员需要学会如何分析问题、制订解决方案，并且与其他部门的同事共同合作，解决问题并推动项目向前发展。通过这样的实践，团队成员可以提升他们的问题解决能力，增强团队整体的应变能力。

跨部门合作项目可以帮助团队成员更好地了解不同部门的职能和工作方式。在一个组织中，不同部门可能会有不同的职能和工作方式，团队成员可能对其他部门的工作流程和工作内容并不了解。通过参与跨部门合作项目，团队成员可以有机会与其他部门的同事共事，深入了解他们的工作内容和工作方式。这有助于打破部门间的隔阂和壁垒，增进团队间的合作和协作。

实施跨部门合作项目是培养团队协作素质的一个非常有效的途径。通过这样的项目，团队成员可以学会跨团队沟通、协调资源、解决问题，并且更好地了解不同部门的职能和工作方式。通过这样的实践，团队成员将更加意识到团队合作的重要性，并且能够在实际工作中运用所学到的协作技巧，从而提高团队整体的绩效，推动组织的长期发展。

第九章　高职院校学生社会实践素质的培养

第一节　社会实践素质的内涵与重要性

一、社会实践素质定义

社会实践素质是指个体在社会实践活动中所具备的一系列能力、素养和品质。它不仅仅是单一的技能或知识，更是对社会生活、人际关系、问题解决等方面的综合素养。关键能力的培养是社会实践的重要目标之一，通过社会实践，个体可以培养和提升各种关键能力，从而更好地适应社会的发展和变化。

社会实践可以培养个体的合作能力。在社会实践活动中，个体通常需要与他人合作完成任务，这要求他们具备良好的团队合作能力。通过与他人合作，个体学会了解决问题的方式和方法，学会了倾听和尊重他人的意见，学会了有效地沟通和协调。这些都是在实践中逐渐培养起来的，对于个体未来的工作和生活都具有重要意义。

社会实践可以培养个体的沟通能力。在社会实践活动中，个体需要与各种各样的人打交道，包括同伴、老师、社会工作者等。良好的沟通能力可以帮助个体更好地表达自己的观点和想法，更好地理解他人的意见和需求。通过与他人的交流互动，个体可以逐渐提升自己的沟通技巧，建立良好的人际关系，这对于个体的职业发展和社会交往都具有重要意义。

社会实践还可以培养个体的问题解决能力。在社会实践活动中，个体可能会遇到各种各样的问题和挑战，需要通过自己的努力和智慧来解决。通过面对问题、思考问题、解决问题的过程，个体可以逐渐培养和提升自己的问题解决能力，学会灵活应对各种复杂情况，提高自己的应变能力和创新能力。

社会实践还可以培养个体的独立思考能力和创新能力。在社会实践活动中，个体需要面对各种复杂的情况和问题，需要通过自己的思考和判断来做出决策。通过参与社会实践活动，个体可以逐渐培养起独立思考的能力，学会分析问题、评估情况、制订计划。同时，社会实践也为个体提供了创新的空间和机会，个体可以通过自己的创新和想法来解决问题，推动社会的进步和发展。

社会实践通过提供真实的社会环境，让个体在实践中学习合作、沟通、解决问题等关键能力，从而培养其独立思考和创新能力。这些关键能力对于个体的成长和发展具有重要意义，不仅可以帮助个体更好地适应社会的发展和变化，还可以提高个体在工作和生活中的竞争力和适应能力。因此，社会实践在现代教育中的地位和作用日益凸显，应该得到更多的重视和推广。

二、关键能力的培养

社会实践素质是指在社会实践中培养和提高的一系列能力和素质。它包括了多方面的内容，如社会责任感、团队协作能力、沟通能力、解决问题的能力、创新能力等。这些能力和素质对于个人的全面发展和社会的进步都具有重要意义。

社会实践有助于培养学生的社会责任感。通过参与社会实践，学生能够亲身体验社会生活的各个方面，了解社会的发展和变化，感受到自己作为一个社会成员的责任和义务。在实践中，他们会接触到各种社会问题，如环境污染、贫困问题、教育不公等，从而激发起他们的社会责任感，促使他们积极参与社会公益活动，为社会的进步和发展贡献自己的力量。

社会实践有助于培养学生的团队协作能力。在社会实践活动中，往往需要学生与他人合作，共同完成一项任务或解决一个问题。这就要求学生具备良好的团队合作意识和能力，能够有效地与他人沟通、协调和合作，共同完成既定目标。通过与他人的合作，学生不仅能够学会倾听和尊重他人的意见，还能够学会如何有效地与他人协商、协调，从而提高自己的团队协作能力。

社会实践有助于培养学生的沟通能力。在社会实践活动中，学生往往需要与各种各样的人打交道，包括同伴、老师、社会工作者等。良好的沟通能力能够帮助学生更好地与他人交流和合作，减少沟通误解，促进工作的顺利进行。

通过参与社会实践，学生能够提高自己的口头表达能力和书面表达能力，学会如何与他人进行有效的沟通，从而增强自己的沟通能力。

社会实践有助于培养学生解决问题的能力。在社会实践活动中，学生往往会面临各种各样的问题和挑战，需要他们动脑筋去寻找解决问题的方法和途径。通过解决实际问题，学生能够培养自己分析问题的能力和解决问题的能力，学会如何从不同的角度去思考和分析问题，找出解决问题的最佳方案。这种培养学生解决问题的能力的过程，有助于他们培养批判性思维和创新思维，提高他们的综合素质。

社会实践还有助于培养学生的创新能力。在社会实践活动中，学生往往需要面对各种新的情境和挑战，需要他们不断地寻找新的方法和途径来解决问题。这就要求学生具备创新意识和创新能力，能够不断地思考和探索，找到适合自己的解决问题的方法和策略。通过参与社会实践，学生能够培养自己的创新能力，学会如何从不同的角度去思考和分析问题，找到解决问题的创新方法，从而提高自己的综合素质。

三、适应社会的重要性

社会实践素质是指个体在社会实践中所具备的能力、品质和态度，它涵盖了广泛的方面，包括对社会问题的认知、社会参与能力、团队合作能力、沟通技巧、社会责任感等。适应社会是社会实践素质的一个重要方面，它不仅仅是指个体能够融入社会的能力，更是指个体能够适应社会的发展和变化，积极主动地参与社会生活，为社会进步和发展作出贡献。

社会实践素质的培养有助于学生更好地理解社会需求和变化。随着社会的不断发展和变化，人们的需求也在不断变化。一个具有良好社会实践素质的个体能够更敏锐地捕捉到社会的变化，理解社会的需求，从而更好地适应社会的发展。比如，一个具有社会实践经验的大学生可能会更容易意识到某一领域的人才需求，从而更有针对性地选择自己的专业方向，提高就业竞争力。

社会实践素质的培养有助于增强个体的社会参与意识和社会责任感。在社会实践中，个体不仅仅是被动地接受社会的影响，更是积极地参与社会活动，为社会发展和进步贡献自己的力量。通过参与各种社会实践活动，个体能够深刻地体会到自己的行为对社会的影响，从而增强对社会的责任感和使命感。例如，通过参与志愿活动，个体可以亲身感受到帮助他人的快乐，从而树立起乐于助人、奉献社会的信念。

社会实践素质的培养有助于为个体的职业生涯和社会生活打下坚实基础。在当今社会，除了专业知识和技能，社会实践素质也成为衡量个体综合素质的重要标准之一。具有良好社会实践素质的个体往往更受欢迎，更容易在职场上脱颖而出。比如，一个具有优秀沟通能力和团队合作精神的员工往往更受企业青睐，更容易得到晋升和加薪的机会。此外，社会实践素质也是个体成功走向社会的必备品质之一，它能够帮助个体更好地适应社会的竞争环境，更好地实现个人价值。

适应社会是社会实践素质的重要方面，它不仅能够帮助个体更好地理解社会需求和变化，增强社会参与意识和社会责任感，还能够为个体的职业生涯和社会生活打下坚实基础。因此，学校和社会应该共同努力，加强对学生社会实践素质的培养，为他们的未来发展提供有力支持。

四、提升综合素质

社会实践素质是学生综合素质的重要组成部分，通过实践活动，学生可以全面提升自身的知识水平、专业技能、人文素养和道德观念，形成全面发展的人才。这一观点在当今教育领域得到了广泛认可，因为社会实践不仅仅是课堂教学的延伸，更是学生个人成长的重要途径。

社会实践素质的内涵体现在对学生多方面能力的培养上。在社会实践活动中，学生不仅仅是简单地接受知识，更重要的是学会运用所学知识解决实际问题的能力。比如，在参与社区服务活动中，学生需要与社区居民交流沟通，组织协调活动，这就需要他们具备良好的人际交往能力和组织管理能力。此外，社会实践也可以培养学生的观察力、分析问题和解决问题的能力，这些能力对于学生未来的发展至关重要。

社会实践素质的重要性在于帮助学生建立正确的人生观和价值观。在社会

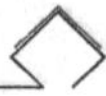

实践活动中，学生往往需要面对各种各样的现实问题，比如贫困、环境污染、社会不公等，通过参与实践，学生可以亲身感受到这些问题的存在，并思考如何去解决这些问题。这种体验可以帮助学生树立正确的人生目标，提高他们的社会责任感和使命感，培养他们成为有担当、有责任心的公民。

社会实践素质还可以促进学生的自我发展和成长。在社会实践活动中，学生往往需要独立思考、独立行动，这有助于他们发现自己的潜能和特长，提高自信心和自我管理能力。此外，社会实践还可以帮助学生建立良好的团队意识和合作精神，培养他们成为团队的领导者或成员，从而更好地适应未来的社会环境。

社会实践素质对于学生职业发展和就业竞争也具有重要意义。随着社会的不断发展和进步，企业对人才的要求也在不断提高，他们更加注重应聘者的综合素质和实际能力。而通过参与社会实践活动，学生不仅可以积累丰富的实践经验，还可以展示自己的领导能力、团队合作能力和创新能力，这对于他们顺利就业和职业发展至关重要。

社会实践素质作为学生综合素质的重要组成部分，不仅可以促进学生全面发展，提高他们的综合素质，还可以帮助他们树立正确的人生观和价值观，促进他们的自我发展和成长，提升他们的职业竞争力。因此，学校应该加强对社会实践教育的重视，为学生提供更多的社会实践机会，以培养更多具有社会责任感和创新精神的优秀人才。

第二节　高职院校学生社会实践素质的现状分析

一、实践机会不足

部分高职院校学生面临着社会实践机会不足的问题。这可能源于多方面因素，包括学校资源不足、与企业或社会组织的合作不畅、实践项目缺乏多样性等。由于实践机会不足，学生无法在真实的社会环境中运用所学知识，缺乏对理论知识的实践性认识和应用能力。

1. 社会实践内容单一

一些高职院校的社会实践内容单一，这可能导致学生只接触到特定领域的知识和经验，而无法全面了解社会的多样性和复杂性。缺乏多样性的实践经历可能限制了学生的视野和能力，使其难以应对未来多样化的挑战和需求。

2. 缺乏实践技能培养

除了理论知识，社会实践还应该培养学生的实践技能。然而，一些高职院校的社会实践项目可能过于注重理论知识的传授，而忽视了实践技能的培养。这使得学生在实际工作中可能面临技能不足的问题，无法顺利适应职场的要求。

3. 实践项目质量参差不齐

部分高职院校的社会实践项目质量参差不齐，有些项目缺乏实际意义，只是简单的模拟或重复性的任务，无法为学生提供真正有价值的实践经验。这种情况可能降低学生对社会实践的积极性和参与度，影响其实践素质的全面提升。

4. 缺乏实践指导和评估机制

一些高职院校缺乏有效的实践指导和评估机制。学生参与社会实践时缺乏指导和反馈，无法及时纠正错误或改进实践能力。同时，缺乏科学的评估机制也可能导致学生对实践成果的认知不足，无法全面评估自身的实践水平和能力提升。

5. 社会实践与专业需求脱节

一些高职院校的社会实践项目与学生所学专业需求脱节，无法为学生提供与专业相关的实践经验和技能培养。这可能导致学生在实际工作中面临适应困难，无法充分发挥所学专业知识和技能，影响其职业发展和就业竞争力。

6. 缺乏社会责任感培养

社会实践应该不仅仅是对学生个人能力的培养，还应该培养学生的社会责任感和公民意识。然而，一些高职院校的社会实践项目可能过于注重个人能力的培养，而忽视了学生对社会和他人的责任感培养。这可能导致学生缺乏对社会问题的关注和解决能力，无法成为具有社会担当的公民。

7. 缺乏实践经验的认可与转化

一些高职院校的社会实践经验可能缺乏认可与转化的机制。学生在实践中取得的经验和成果可能无法被学校或企业认可，无法转化为学分或职业发展的机会。这可能降低学生对社会实践的积极性和投入度，影响其实践素质的全面提升。

二、实践内容单一

高职院校学生社会实践素质是评价学生综合能力的重要指标之一，然而，在当前的教育环境下，存在着一系列问题和挑战，影响着学生的社会实践素质的培养与提升。其中之一是实践内容单一。

一些高职院校的社会实践内容较为单一，缺少创新性和挑战性，难以满足学生多样化的发展需求。这一问题的存在，不仅影响了学生参与实践活动的积极性和热情，还可能导致学生对实践活动的兴趣逐渐消退，甚至产生反感情绪。

实践内容的单一性使得学生的社会实践经历缺乏新颖性和丰富性。如果学生在整个学习过程中只接触到类似的实践活动，那么他们将难以获得不同领域、不同性质的实践经验，无法全面地了解社会的多样性和复杂性。这将严重制约学生的综合素养的培养，影响其未来在不同领域中的适应能力和竞争力。

缺乏创新性和挑战性的实践内容难以激发学生的学习热情和动力。学生在实践活动中往往追求挑战和成长，希望通过面对新的挑战来提升自己的能力和水平。然而，如果实践内容过于单一和简单，缺乏足够的挑战性，学生可能会感到无聊和失望，从而导致对实践活动的参与度和投入度下降。

实践内容的单一性也容易导致学生对实践活动产生疲劳和厌倦情绪。长期以来重复相似的实践内容会使学生感到单调和枯燥，失去对实践活动的兴趣和热情。这种疲劳和厌倦情绪不仅会影响学生的实践效果和成果，还可能使他们对未来的实践活动产生抵触情绪，甚至选择放弃参与。

实践内容单一也容易造成学生对自身发展的局限性认知。过于依赖某一类实践活动，学生可能会认为自己只适合从事特定领域或特定类型的工作，而忽视了其他领域的发展机会和可能性。这种局限性认知不仅会影响学生的职业规划和发展方向，还会限制他们未来的个人成长和综合素养的提升。

高职院校学生社会实践素质现状中实践内容单一是一个值得关注和解决的问题。为了更好地促进学生的全面发展和综合素养的提升，高职院校需要重视实践内容的多样化和创新性，设计更加丰富和具有挑战性的实践活动，从而更好地满足学生的发展需求，提升其社会实践素质。

三、指导和评价机制不完善

在当今社会，高职院校学生社会实践素质的现状一直备受关注。社会实践作为学生综合素质培养的重要组成部分，对于学生的成长与发展具有重要意义。然而，当前高职院校学生社会实践素质存在一系列问题，指导和评价机制不完善是其中之一。

社会实践活动缺乏有效的指导。在一些高职院校中，社会实践活动往往缺乏系统性的指导，导致学生参与活动时缺乏明确的方向和目标。缺乏有效的指导可能导致学生的社会实践活动缺乏深度和广度，无法真正提升其综合素质。

缺乏科学的评价标准也是一个问题。在一些高职院校中，社会实践活动的评价标准往往模糊不清，缺乏科学性和客观性。这种情况下，学生往往难以准确评估自己的表现，也难以获得有效的反馈和指导，从而无法及时纠正自身不足和提升自己的社会实践能力。

指导和评价机制不完善也会导致社会实践活动的效果无法得到有效的监督和跟踪。缺乏有效的指导和评价机制，学校无法及时发现和解决社会实践活动中存在的问题，也无法对学生的实践成果进行有效的跟踪和评估，从而无法及时调整教学方案和提升教学质量。

此外，指导和评价机制不完善还可能导致学生对社会实践活动缺乏积极性和主动性。缺乏有效的指导和评价机制会让学生感到缺乏方向和动力，从而降低其参与社会实践活动的积极性和主动性。这种情况下，即使学校开展了丰富多样的社会实践活动，也难以激发学生的参与热情和创造力，影响了社会实践活动的实际效果。

高职院校学生社会实践素质的现状分析显示，指导和评价机制不完善是

一个突出的问题。缺乏有效的指导和评价机制会影响社会实践活动的质量和效果，也会影响学生的参与积极性和主动性。因此，高职院校需要加强对社会实践活动的指导和评价，建立科学的评价体系，为学生提供更加有效的指导和支持，从而促进学生社会实践素质的全面提升。

四、实践与理论脱节

高职院校学生社会实践素质的现状是一个需要深入思考和关注的问题。在当今社会，虽然高职院校社会实践已经成为学生学习的重要组成部分，但仍然存在着诸多问题，其中之一便是实践与理论脱节的现象。

实践与理论之间的脱节，表现在学生在实践活动中难以将所学理论知识有效应用。这种现象可能有多方面的原因，首先是由于课堂教学和实践环境的差异。在课堂上，学生主要接受抽象的理论知识，而在实践中则需要将这些理论知识转化为具体的操作能力。然而，由于实践环境的复杂性和变化性，学生往往难以将课堂所学的理论知识与实践中的具体情况相结合，导致无法有效应用所学知识。

学校和企业之间的合作不够密切也是导致实践与理论脱节的原因之一。虽然很多高职院校都有与企业合作的实践基地，但是在实际操作中，学校和企业之间的沟通和协作并不紧密。学校往往只是将学生送到企业进行实习，而缺乏对实习过程的有效指导和监督，导致学生在实践中缺乏系统的学习和反思，无法将所学理论知识与实践相结合。

学生自身的学习态度和能力也是导致实践与理论脱节的重要原因。一些学生可能缺乏对实践的重视，只是将实践活动当作完成学业的一种任务，缺乏对实践经验的积极总结和反思。另外，一些学生可能缺乏实践能力，无法将所学理论知识有效地运用到实践中去，导致实践效果和学习效果无法有效结合。

实践与理论脱节是高职院校学生社会实践素质面临的一个重要问题。要解决这个问题，需要学校、企业和学生本身共同努力。学校和企业需要加强合作，建立起有效的实践指导和监督机制，提供学生在实践中的有效支持和指导；学生则需要提高自身的实践能力，注重实践过程中的学习和反思，努力将所学理论知识与实践相结合，提升自己的社会实践素质。只有这样，才能真正实现高职院校学生社会实践素质的全面提升。

第三节　社会实践素质培养的途径与方法

一、增加实践机会

高职院校在培养学生社会实践素质方面，应当注重提供丰富多样的实践机会。这不仅仅是为了让学生在校园内的课堂上获取知识，更重要的是让他们在真实的社会环境中应用所学知识，培养实际操作能力和解决问题的能力。因此，增加实践机会是非常重要的一种途径和方法。

高职院校可以与企业建立起紧密的合作关系。通过与企业的合作，学校可以为学生提供更多的实习机会。这种实习不仅可以让学生接触到实际的工作环境和工作内容，还可以让他们学会与他人合作、从而解决实际问题。例如，学校可以与一些行业领先的企业合作，为学生提供有偿或者无偿的实习机会，让他们在实践中学习专业知识，并且了解行业的最新发展动态。

高职院校可以积极与社会组织合作。社会组织在各个领域都有着丰富的资源和经验，通过与社会组织的合作，学校可以为学生提供更多元化的实践机会。例如，学校可以与环保组织合作，组织学生参与环保活动，也可以与公益组织合作，组织学生参与公益活动。通过这些实践活动，学生不仅可以学到专业知识，还可以培养自己的责任感和社会担当。

高职院校还可以利用校内资源，开设各种类型的实践课程。这些实践课程可以是针对专业技能的培训课程，也可以是针对社会问题的调研课程。通过这些实践课程，学生可以在课堂上学到理论知识，然后通过实践活动将理论知识应用到实际中去。例如，学校可以开设社会调查与研究课程，让学生学会如何设计问卷调查、收集数据、分析数据，并且提出解决问题的建议。

除了以上提到的途径和方法，高职院校还可以通过一些特殊的实践活动来培养学生的社会实践素质。例如，学校可以组织学生参加各种类型的竞赛活

动，如技能大赛、创新创业大赛等。通过参加这些比赛，学生可以在实践中锻炼自己的技能，并且学会团队合作和竞争意识。另外，学校还可以组织学生参加社会实践活动，如走进社区、走进农村等。通过这些活动，学生可以了解社会的多样性，增强自己的社会责任感和同情心。

增加实践机会是培养高职院校学生社会实践素质的重要途径和方法。高职院校应当积极与企业、社会组织合作，开拓多样化的社会实践平台，为学生提供丰富多彩的实践机会。只有通过实践，学生才能够真正掌握所学知识，并且成长为具有社会责任感和创新精神的人才。

二、丰富实践内容

在当今社会，丰富的社会实践内容对于学生的成长和发展至关重要。社会实践不仅是学生学习知识的延伸，更是培养学生综合素质、提升社会责任感和创新精神的有效途径之一。在这个过程中，设计多样化、具有挑战性的社会实践项目是至关重要的，它可以为学生提供更加丰富的体验和学习机会，有助于激发学生的兴趣和参与度，促进其全面发展。

多样化的社会实践项目可以帮助学生发现自己的兴趣和潜能。每个学生都是独一无二的，他们的兴趣爱好和特长各不相同。通过设计多样化的社会实践项目，可以让学生有机会接触到不同领域的知识和技能，从而发现自己的兴趣所在。比如，一些学生可能对社会服务和公益活动感兴趣，可以参与志愿者服务或者组织公益活动，而另一些学生可能对科技研发和创新创业感兴趣，可以参与科技创新项目或者创业比赛。通过这些实践活动，学生可以深入了解不同领域的知识和技能，发掘自己的潜能，为未来的发展打下良好的基础。

具有挑战性的社会实践项目可以促进学生的成长和发展。挑战是学生成长的动力源泉，只有面对挑战，学生才能不断超越自我，实现自身的价值。因此，在设计社会实践项目时，应该注重设置一定的挑战性，让学生在实践中面对各种困难和挑战，从而锻炼他们的意志品质和解决问题的能力。比如，可以组织学生参与社区环境改善项目，让他们通过实际行动来解决环境问题，也可以组织学生参加科技创新竞赛，让他们在竞争中不断提升自己的技能和能力。

通过这些具有挑战性的实践项目，学生可以不断突破自我，提升自身素质，为未来的发展做好准备。

引入创新创业、社会服务、科技研发等内容也是丰富社会实践内容的重要途径之一。创新创业是推动社会进步和经济发展的重要力量，通过引入创新创业内容，可以激发学生的创新精神和创业意识，培养他们解决问题的能力和实践能力。比如，可以组织学生参与创业比赛或者创业训练营，让他们体验创业的过程，培养创业意识和创业技能，也可以组织学生参与创新项目或者发明设计比赛，让他们动手实践，提升创新能力和实践能力。通过这些创新创业项目，学生不仅可以学到理论知识，还可以锻炼实践能力，为将来的创业和就业打下坚实的基础。

社会服务是培养学生社会责任感的重要途径之一，通过引入社会服务内容，学生可以了解社会的需求和问题，培养他们的社会责任感和公益意识。比如，可以组织学生参与志愿者服务活动，如扶贫助残、环境保护等，让他们亲身体验社会服务的意义和价值，也可以组织学生参与社区建设和社会调查研究，让他们了解社会问题的根源和解决方法，培养他们的批判思维和解决问题的能力。通过这些社会服务项目，学生可以增强社会责任感，培养公民意识，为建设美好社会贡献自己的力量。

科技研发是推动社会科学发展的重要力量，通过引入科技研发内容，可以激发学生的科研兴趣和创新能力，培养他们的科学精神和实践能力。比如，可以组织学生参与科技创新项目，如科研训练营、科技竞赛等，让他们亲身体验科研的乐趣和挑战，培养他们的科学思维和实验技能，也可以组织学生参与科技创新实践活动，如科技创客比赛、科技展览等，让他们动手实践，提升创新能力和实践能力。通过这些科技研发项目，学生可以不断拓展科学视野，提升科技水平，为科技进步和社会发展作出贡献。

设计多样化、具有挑战性的社会实践项目，引入创新创业、社会服务、科技研发等内容，可以激发学生的兴趣和参与度，促进其全面发展。学校和社会各界应该共同努力，为学生提供丰富多彩的社会实践机会，让他们在实践中不断成长、不断进步，为社会的繁荣和进步作出积极贡献。

三、完善指导与评价体系

完善指导与评价体系对于社会实践素质培养至关重要。建立一套科学的社会实践指导和评价体系，需要包括几个关键要素，这些要素相互补充、相互促进，以确保社会实践活动的质量和效果。

明确实践目标是建立指导与评价体系的基础。实践目标应当具体、明确，能够引导学生在实践中明确自己的任务和责任，从而达到培养实践能力的目的。这些目标可以根据学校的教育理念、课程设置、学生特点等因素确定。比如，学校可以设定培养学生社会责任感、创新能力、团队合作精神等方面的实践目标。

制订合理的实践计划是确保实践活动顺利进行的重要保障。实践计划应当包括活动内容、时间安排、人力物力支持等方面的内容，确保实践活动的全面性、连续性和系统性。同时，实践计划也需要考虑到学生的实际情况，避免过度安排导致学生负担过重或无法完成。

有效的过程指导是指导与评价体系的核心环节。过程指导应当注重引导学生进行自主探究和实践操作，培养其问题解决能力和创新意识。教师可以通过讨论、案例分析、实地考察等方式，引导学生分析问题、提出解决方案，并在实践过程中及时给予指导和反馈，帮助学生不断改进和提升。

客观公正的评价标准是评价体系的关键环节。评价标准应当具有客观性、全面性和公正性，能够客观地反映学生在实践活动中的表现和能力水平。评价标准可以包括学生的实践成果、实践过程中展现的能力、团队合作精神等方面的内容，同时还可以考虑到学生的自我评价和同伴评价等多维度的评价方法，以全面、多角度地了解学生的实践表现。

在完善指导与评价体系的过程中，还需要注重以下几个方面的问题。首先，需要注重实践活动与课程教学的有机结合，使得实践活动能够成为课程教学的延伸和拓展，达到知行合一的教育目标。其次，需要注重学生的主体地位，尊重学生的选择和意愿，让他们在实践中发挥主动性和创造性。最后，需要注重评价结果的反馈和运用，及时总结评价结果，为今后的实践活动提供借鉴和经验。

完善指导与评价体系是社会实践素质培养的重要途径之一。通过明确实践目标、制订合理计划、进行有效过程指导和客观评价，可以更好地促进学生的实践能力和综合素质的提升。同时，需要注重实践活动与课程教学的结合、学生的主体地位和评价结果的反馈，才能真正实现社会实践素质培养的目标。

四、强化理论与实践的结合

强化理论与实践的结合是社会实践素质培养的重要途径之一。在教育过程中，仅仅传授理论知识是远远不够的，必须让学生将所学理论知识与实际情况相结合，通过实践去验证、应用和巩固所学内容。这种理论与实践相结合的教学方法不仅能够提高学生的学习效果，更能培养学生的创新能力、动手能力和解决问题的能力。

在教学实践中，教师应该注重如何将理论知识与实际案例相结合，让学生在实践中能够理解和应用所学的理论知识。例如，在教授商业管理课程时，可以通过案例分析的方式，让学生了解企业经营管理的实际操作过程，并引导他们运用所学的管理理论知识去分析和解决实际问题。这样一来，学生不仅能够更加深入地理解理论知识，还能够培养解决实际问题的能力。

教师应该鼓励学生参与各种形式的实践活动，例如实习、社会实践调研、志愿服务等，让他们在实践中感受社会的复杂性和多样性，从而更好地理解和把握理论知识。通过参与实践活动，学生不仅能够学到书本上学不到的知识和技能，还能够培养团队合作精神和社会责任感。

教师应该注重在实践中引导学生进行反思和总结。实践经验的反思和总结是理论与实践相结合的重要环节，它能够帮助学生从实践中吸取经验教训，加深对理论知识的理解，提高问题解决能力。例如，在实习结束后，教师可以组织学生进行实践经验交流会，让他们分享自己的实践体会和收获，并结合理论知识进行反思和总结，从而形成更加完整和深刻的学习体验。

教师还可以通过项目式教学等方式，将理论知识与实际项目相结合，让学生在实际项目中应用所学知识，从而达到理论与实践相结合的目的。例如，在教授软件开发课程时，可以组织学生开展一个真实的软件开发项目，让他们在

项目中承担不同的角色，应用所学的软件开发理论知识，完成一个真正的软件开发任务。通过项目实践，学生不仅能够更加深入地理解软件开发理论知识，还能够培养团队协作能力和项目管理能力。

强化理论与实践的结合是社会实践素质培养的重要途径之一。教师应该注重将理论知识与实际情况相结合，通过实践活动和项目实践等方式，培养学生在实践中运用所学知识解决问题的能力和创新精神。同时，教师还应该引导学生进行实践经验的反思和总结，加深对理论知识的理解，提高学生的学习效果和实践能力。

五、提供跨学科交叉实践机会

跨学科交叉实践在当今教育领域被认为是一种重要的教学模式，它不仅可以拓展学生的学科知识，更能够培养他们的综合运用知识解决问题能力，从而提升其社会实践素质。跨学科交叉实践将不同学科的知识和技能相结合，为学生提供了更广阔的视野和更丰富的学习体验。

跨学科交叉实践为学生提供了接触不同领域知识的机会。传统的学科教学往往局限于某一领域的知识和技能，而跨学科项目则打破了学科之间的界限，让学生在实践中接触到多个学科的知识。例如，一个关于环境保护的跨学科项目可能涉及生物学、地理学、政治学等多个学科的知识，学生不仅可以了解环境问题的科学原理，还可以探讨环境政策的制定和实施。这种跨学科的学习经历可以帮助学生建立更为全面的知识结构，拓展他们的学科视野。

跨学科交叉实践能够培养学生综合运用知识解决问题的能力。在跨学科项目中，学生需要将来自不同学科的知识和技能整合起来，针对复杂的问题提出综合性的解决方案。这种综合性的思维和操作过程，可以帮助学生培养系统性思维能力和跨学科解决问题的能力。例如，在一个关于城市规划的跨学科项目中，学生不仅需要了解城市规划的基本原理，还需要考虑到城市发展的经济、社会、环境等多个方面因素，提出综合性的规划方案。通过这样的实践，学生可以逐步培养出综合运用知识解决问题的能力。

跨学科交叉实践还能够提升学生的创新能力和实践能力。在跨学科项目中，学生往往需要面对复杂的现实问题，需要发挥创造性思维，寻找创新的解决方案。与此同时，他们还需要将这些方案付诸实践，并在实践中不断调整和完善。这种从理论到实践的过程，可以帮助学生培养出扎实的实践能力和创新精神。例如，在一个关于可持续发展的跨学科项目中，学生可以通过调研和实地考察，提出符合当地实际情况的可持续发展方案，并在实践中逐步实施和完善。

学校组织跨学科项目，让学生在跨学科的实践中发现问题、提出解决方案，不仅可以提升他们的社会实践素质，也能够促进学校教育的创新和发展。跨学科项目的组织需要教师跨学科合作，借鉴不同学科的教学理念和方法，为学生提供更加丰富多样的学习体验。同时，学校还需要提供必要的资源支持，包括教学设备、实践场地等，确保跨学科项目的顺利开展。通过这样的跨学科实践，学校可以培养出更具综合素质的优秀人才，为社会发展和进步作出更大的贡献。

跨学科交叉实践为学生提供了拓展视野、培养综合运用知识解决问题能力的重要机会。学校应该重视跨学科项目的组织与实施，为学生提供更加丰富多样的学习体验，从而更全面地提升他们的社会实践素质。

第十章　高职院校学生职业素养的培养

第一节　职业素养的内涵与重要性

一、定义与内涵

职业素养是一个人在从事职业活动时所表现出来的一系列综合素质，它不仅包括专业技能，还包括道德规范、工作态度、团队精神以及终身学习的能力等方面。在现代社会，职业素养已经成为衡量一个人是否适合某项工作或者是否能够胜任职业的重要标准之一。在这个竞争激烈的时代，拥有良好的职业素养不仅能够提高个人的竞争力，还能够促进个人的职业发展和社会进步。

职业素养包括专业技能。在任何一个职业领域，掌握专业的知识和技能是非常重要的。这些知识和技能是一个人在特定领域中进行工作所必需的，它们决定了一个人是否能够胜任工作任务，完成工作目标。例如：对于一个工程师来说，掌握工程设计、计算机辅助设计软件等专业技能是必不可少的；对于一个医生来说，掌握医学知识、诊断技能等专业技能是必须具备的。因此，专业技能是职业素养的基础，是一个人能否胜任工作的重要因素。

职业素养包括道德规范。在任何一个职业领域，都需要遵守一定的道德规范和职业道德准则。这些规范和准则是保障职业秩序、维护职业形象、保护职业利益的重要保障。一个具有良好职业素养的人应该具备诚实守信、勤奋敬业、责任心强、公正公平等品质，遵守职业道德规范，遵循职业伦理，不做违背职业规范的事情。只有这样，才能够赢得他人的尊重和信任，才能够在职业生涯中立于不败之地。

职业素养包括工作态度。工作态度是一个人对待工作的态度和方法。一个良好的工作态度意味着对工作充满热情、认真负责、乐于奉献，愿意承担责任，乐于与他人合作。相反，如果一个人对工作态度消极，那么无论他有多么优秀的专业技能，也很难在职场上立足。因此，良好的工作态度是职业素养的重要组成部分，它决定了一个人在职业生涯中能够走多远，能够取得多大的成就。

职业素养包括团队精神。在现代社会，几乎所有的工作都需要与他人合作完成，而一个人是否具备团队精神直接影响着他在团队中的地位和作用。具有良好团队精神的人应该具备良好的沟通能力、协调能力、合作精神，能够与团队成员和谐相处，共同完成团队任务。在团队中，每个人都应该根据自己的专业技能和个人能力发挥最大的作用，相互支持、相互配合，共同实现团队的目标。

职业素养还包括终身学习的能力。在一个快速发展的社会中，知识更新换代非常快，一个人如果停止学习就会被淘汰。因此，具有终身学习的能力是职业素养的重要组成部分。一个具有良好职业素养的人应该具备不断学习、不断进步的意识，不断提高自己的专业技能和工作能力，适应社会的发展和变化。只有这样，才能够在激烈的竞争中立于不败之地，保持自己的竞争力。

职业素养是一个人在职业活动中所表现出来的一系列综合素质，它包括专业技能、道德规范、工作态度、团队精神以及终身学习的能力等方面。具有良好职业素养的人不仅能够胜任工作，还能够在职业生涯中不断发展、不断进步，为社会的进步和发展作出积极贡献。因此，提高职业素养意识，培养良好职业素养，已经成为现代社会中一个非常重要的课题。

二、对个人发展的影响

职业素养是指一个人在职业生涯中所具备的各种技能、知识、态度和价值观等综合素养。它不仅仅是对于某一行业或岗位的专业技能，更是一种综合性的能力，涵盖了沟通能力、团队合作能力、解决问题能力、自我管理能力、职业道德和责任感等方面。在现代社会中，职业素养已经成为评判一个人职业成功与否的重要标准之一。而对于高职院校的学生来说，职业素养更是决定其未来职业生涯发展的关键因素之一。

职业素养直接关系到个人在职业领域的适应性。随着社会的不断发展和变化，各行各业对于员工的要求也在不断提高。拥有良好的职业素养意味着一个人具备了适应各种职业环境和工作要求的能力。比如：良好的沟通能力可以帮助个人更好地与同事、领导和客户进行交流，解决工作中的问题；良好的团队合作能力可以使个人更好地融入团队，共同完成任务；良好的自我管理能力则可以使个人更好地管理自己的时间和情绪，提高工作效率。这些能力的积累和提升，可以使个人更快地适应工作环境，更好地胜任各种工作任务，从而更好地实现个人职业发展目标。

职业素养直接影响个人的职业竞争力。在竞争激烈的职场中，拥有良好的职业素养可以让个人脱颖而出，获得更多的职业机会和发展空间。例如，一个具备良好沟通技巧和团队合作精神的员工往往更受欢迎，更容易获得领导的认可和信任，从而有机会接触到更多的重要项目和机会。而一个具备良好职业道德和责任感的员工则更容易赢得同事和客户的尊重和信任，从而建立起良好的职业形象和口碑。这些都会为个人的职业发展增添一分竞争优势，使个人更具备获取和把握机会的能力。

职业素养影响个人的职业发展潜力。一个人的职业发展潜力取决于其在职业生涯中所展现出来的能力和潜力。拥有良好的职业素养可以提升个人的职业发展潜力，使其更有可能实现职业晋升和职业成功。比如，一个具备良好自我管理能力和解决问题能力的员工，往往能够更好地应对各种工作挑战和压力，展现出更强的抗压能力和应变能力，从而更容易获得领导的赏识和提拔。而一个具备良好职业道德和责任感的员工，则更容易赢得公司的信任和支持，有机会参与更多的重要项目和决策，从而扩大个人的影响力和发展空间。这些都为个人的职业发展奠定了良好的基础，使其更有可能实现职业目标和追求职业成功。

职业素养对于个人发展的影响是多方面的，它直接关系到个人在职业领域的适应性、竞争力和发展潜力。一个拥有良好职业素养的人，不仅能够更好地适应工作环境，更容易获得职业机会和发展空间，而且更有可能实现职业晋升和职业成功。因此，提升职业素养已经成为现代职业人士必须面对和解决的重要问题之一，也是实现个人职业发展目标的关键所在。

三、对社会发展的贡献

具备高度职业素养的高职院校毕业生，对社会的发展有着重要的贡献。首先，他们在各自的职业岗位上能够发挥更大的效能。这是因为职业素养包括了对专业知识的掌握和运用、良好的职业道德、有效的沟通能力以及解决问题的能力等方面的综合表现。这些素养的提升使得他们能够更加熟练地应对工作中的挑战，更加高效地完成任务，从而为所在行业的发展注入了新的活力。

其次，高度职业素养的毕业生能够促进社会经济的发展和行业技术的进步。在竞争日益激烈的社会和市场环境下，企业和组织需要具备高素质的员工来应对各种复杂的挑战和变化。而这些毕业生所具备的优秀素养，能够帮助他们在工作中提供更高质量的服务、更具创新性的解决方案，从而推动企业和行业向前发展。他们不仅能够为企业创造更多的价值，还能够为社会经济的健康发展和行业技术的不断提升作出积极的贡献。

最后，高度职业素养的毕业生还能够成为行业的标杆和榜样，提升整个社会的职业道德和工作效率。他们的专业表现和职业行为将成为他人学习和效仿的对象，进而推动整个行业的发展水平和标准。通过他们的示范作用，能够促进更多人树立正确的职业观念，注重职业道德和职业精神，提高整个社会的工作效率和竞争力。

通过以上可以看出，高度职业素养的高职院校毕业生对社会发展具有重要的意义和作用。他们不仅能够在各自的职业岗位上发挥出更大的效能，促进社会经济的发展和行业技术的进步，还能够成为行业的标杆，提升整个社会的职业道德和工作效率。他们的贡献不仅体现在个人的成长和发展上，更是为整个社会的进步和繁荣注入了强大的动力。

四、对教育体系的挑战与改进

职业素养是指一个人在从事特定职业或工作时所必需的品质、能力和态度。它不仅仅包括专业知识和技能，还涉及道德品质、沟通能力、团队合作、解决问题的能力以及适应变化的能力等。在当今日益竞争激烈的职场环境中，拥有良好的职业素养已经成为求职者和员工必备的基本条件之一。而对于高职教育而言，培养学生的职业素养更是其使命之一。

职业素养的内涵包括了多方面的要素。首先是专业知识和技能。这是一个人在特定职业领域内必须具备的基本条件，只有掌握了足够的专业知识和技能，才能胜任工作，并在工作中不断提升自己。其次是道德品质和职业操守。在职场中，诚信、责任感、正直等品质至关重要，它们决定了一个人在团队中的地位和影响力。再次是良好的沟通能力和团队合作精神。因为在现代工作环境中，很少有工作是可以独立完成的，团队合作能力能够让个人在团队中发挥更大的作用。最后是解决问题的能力和适应变化的能力。因为职场中常常会遇到各种挑战和变化，只有具备解决问题和适应变化的能力，才能在竞争激烈的职场中立于不败之地。

职业素养的重要性不言而喻。首先，良好的职业素养是一个人在职场中取得成功的基础。无论一个人有多么优秀的专业技能，如果缺乏基本的职业素养，则很难在职场中立足。其次，职业素养也是企业雇主在招聘员工时非常重视的条件之一。一个人的职业素养不仅体现了他的个人素质，也体现了他对工作的态度和对团队的贡献。因此，拥有良好的职业素养的员工更受企业欢迎，更有可能获得晋升和加薪的机会。此外，良好的职业素养也是一个人在职业生涯中不断成长和发展的关键。在不断变化和竞争激烈的职场环境中，只有具备了良好的职业素养，才能不断适应环境的变化，保持竞争力，并在职业生涯中不断前行。

要培养学生的职业素养并不是一件容易的事情。目前，高职教育面临着诸多挑战。首先，教育体系需要不断优化课程设置。传统的教育体系往往过于注重专业知识的传授，而忽视了学生的职业素养的培养。因此，高职教育需要对课程设置进行调整，将职业素养教育融入课程中，使学生在学习专业知识的同时，也能够培养自己的职业素养。其次，教学方法也需要不断更新。传统的教学方法往往以教师为中心，注重知识的灌输，而忽视了学生的自主学习和实践能力的培养。因此，高职教育需要采用更加灵活多样的教学方法，例如问题导向的教学、项目驱动的学习等，使学生在实践中不断提升自己的职业素养。另外，强化实践环节也是培养学生职业素养的重要途径。在实践中，学生可以将理论知识应用到实际工作中，并通过实践不断提升自己的职业素养。因此，高职教育需要加强与企业的合作，提供更多的实习机会和项目实践机会，使学生在实践中积累经验，提升能力。

职业素养是一个人在职场中取得成功的基础，也是企业在招聘员工时非常重视的条件之一。高职教育需要不断优化课程设置、更新教学方法、强化实践环节，以培养学生的职业素养，满足社会和行业的需求。这既是对高职教育的新挑战，也是对高职教育的改进方向。只有不断完善教育体系，培养学生的职业素养，才能更好地适应社会和行业的发展需求，促进高职教育的健康发展。

第二节　高职院校学生职业素养的现状分析

一、专业技能与职业素养脱节

在当今竞争激烈的职场环境中，仅仅掌握专业技能往往难以胜任工作。然而，在一些高职院校中，学生在专业技能与职业素养之间存在着明显的脱节。虽然这些学生可能具备一定的专业技能，但在职业素养方面却存在不足，这一现象在毕业后尤为显著。

这种脱节主要表现在学生对职业道德的认识不足。在高职院校，学生主要接受的是技能性较强的专业培训，而对于职业道德的教育往往较为薄弱。因此，一些学生在面对职场中的各种职业伦理问题时，缺乏正确的判断和处理能力。例如，在工作中遇到利益冲突时，一些缺乏职业素养的学生可能会选择牺牲原则以谋求个人利益，而不是秉持公平正义的原则。这种行为不仅损害了自身的声誉，也可能给企业带来损失，严重影响到工作的稳定和效率。

学生在团队合作能力方面也存在较大的不足。在高职院校的学习环境中，很少有机会进行真正意义上的团队合作。大部分情况下，学生更多的是独立完成任务，缺乏与他人协作的经验。然而，在现实工作中，团队合作是至关重要的能力之一。缺乏团队合作能力的学生往往无法有效地与同事合作，无法充分发挥团队的协同效应，导致工作效率低下，甚至影响整个团队的工作进度和成果。

沟通交流能力也是高职院校学生职业素养脱节的重要表现之一。由于学校教育中对沟通交流能力的培养不足，一些学生在与他人沟通时显得笨拙或者表达不清晰。这种情况在工作中尤为突出，因为工作需要与同事、客户、领导等各方进行频繁的沟通交流。缺乏有效沟通交流能力的学生往往无法准确表达自己的意思，容易引起误解或者产生沟通障碍，从而影响工作的进行和结果的达成。

高职院校学生专业技能与职业素养之间存在着明显的脱节。这种脱节主要表现在职业道德认识不足、团队合作能力不足以及沟通交流能力不足等方面。为了解决这一问题，高职院校应当加强对学生职业素养的培养，不仅要注重专业技能的培养，还要注重培养学生的职业道德意识、团队合作能力和沟通交流能力，使他们在毕业后能够更好地适应职场环境，为社会和企业的发展作出更大的贡献。

二、职业意识不强

高职院校学生职业素养的现状分析涉及多个方面，其中职业意识不强是一个突出的问题。这一问题的存在涵盖了学生对自身所学专业、职业前景以及社会需求的认知不足。这种认知的不足导致了他们在职业规划和目标设定方面缺乏明确性，从而影响了他们对职业的认识和对自身在职场中的责任感。以下是对这一现状的分析。

高职院校学生对所学专业的认知存在盲区。许多学生在选择专业时可能缺乏对专业特点、行业发展趋势以及未来职业发展的全面了解。他们可能受到外部因素的影响，如家庭期望、同龄人选择、媒体宣传等，而没有对自身兴趣和能力进行深入思考和分析。因此，他们在进入学习阶段后可能缺乏对所学专业的热情和认同，导致了对职业的模糊认知。

缺乏对职业前景和社会需求的深入了解也是造成职业意识不强的原因之

一。部分高职院校学生可能对当前社会的经济形势、产业结构变化以及人才需求情况缺乏全面的了解。他们可能过分关注学习过程中的理论知识和技能培养，而忽视了对实际职场的认知和了解。这种认知的不足使得他们在面对就业选择和职业规划时缺乏针对性和前瞻性，容易陷入就业市场的不确定性和竞争中。

缺乏明确的职业规划和目标也是造成职业意识不强的重要原因之一。部分学生可能缺乏对自身职业发展方向的清晰认知，没有为自己设定明确的职业目标和规划路径。这种缺乏目标意识和规划性使得他们在学习过程中可能缺乏目标驱动和积极性，容易陷入消极的学习状态和就业迷茫中。缺乏职业规划和目标的学生往往在面对职业选择和挑战时缺乏应对的自信和能力，容易为外部环境和压力所左右，影响了他们的职业发展和成就。

在高职院校学生职业素养的现状分析中，职业意识不强是一个突出的问题。这一问题的存在主要表现在学生对所学专业的认知盲区、缺乏对职业前景和社会需求的深入了解，以及缺乏明确的职业规划和目标等方面。解决这一问题需要学校、家庭和社会多方面的努力，提升学生的职业认知和规划能力，引导他们树立正确的职业观念和目标意识，从而更好地适应职业发展的需求和挑战。

三、实践经验缺乏

高职院校学生职业素养的现状分析中的实践经验缺乏问题是一个值得深入探讨的议题。在高职教育体系中，尽管强调了实践教学的重要性，但由于一系列原因，学生在真实工作环境中获得实践经验的机会受到限制，这直接影响了他们的职业素养培养。

高职院校实践教学资源的不足是导致实践经验缺乏的主要原因之一。由于经费不足、设备陈旧等问题，许多高职院校无法提供足够的实践教学资源，无法为学生提供与真实工作环境相匹配的实践机会。这种情况尤其在一些经济欠发达地区或农村地区的高职院校更为突出，导致学生们在校期间很难接触到先进的工作技术和流程。

一些高职院校与企业、行业的合作机制不够健全，也造成了学生实践经验的匮乏。与企业、行业的合作可以为学生提供实习、实训的机会，使他们能够在真实工作场景中学习和实践。然而，由于合作机制不够健全，一些高职院校无法与企业、行业建立良好的合作关系，导致学生无法获得充分的实践机会。即便有一些合作关系，也可能面临企业资源有限、招聘需求不足等问题，限制了学生实践的机会。

一些高职院校在实践教学方面的课程设置和教学安排存在不合理之处，也是实践经验缺乏的重要原因。有些学校的实践教学课程安排过于单一，重视理论而忽视实践，或者实践环节安排不合理，难以满足学生的实际需求。例如，实践课程可能只停留在简单的模拟操作或者课堂演示阶段，无法真正让学生接触到实际的工作场景和挑战，从而难以提升他们的职业素养。

一些学校和教师对实践教学的重视程度不够，也影响了学生实践经验的积累。在一些高职院校中，教师普遍更倾向于注重理论教学，忽视了实践教学的重要性。由于缺乏对实践教学的重视和支持，教师可能在教学中没有充分引导学生积极参与实践活动，或者缺乏对实践活动的有效指导和评估，导致学生的实践经验得不到有效的积累和提升。

高职院校学生实践经验缺乏的问题是一个综合性的系统性问题，涉及资源、合作机制、课程设置和教学管理等多个方面。要解决这一问题，需要学校和相关部门共同努力，加大对实践教学的投入和支持，建立健全的合作机制，优化实践课程设置和教学安排，提升教师对实践教学的重视程度，从而为学生提供更加丰富和有效的实践机会，促进其职业素养的全面发展。

四、终身学习观念淡薄

在高职院校学生中，终身学习观念淡薄的现状是一个引人关注的问题。随着社会的快速发展和职业环境的不断变化，终身学习已经成为职业发展的必然选择。然而，许多高职院校的学生却表现出对终身学习的淡薄态度，这种态度的形成可能涉及多种因素。

教育体系的影响是导致终身学习观念淡薄的重要原因之一。传统的教育体系往往将学习视为一种任务或义务，而非一种持续的生活方式。高校教育通常注重学生对特定学科知识的掌握，而忽视了终身学习的重要性。这种教育模式可能导致学生缺乏对终身学习的认识和意识，使他们在职业发展中缺乏应对变化的能力。

就业观念的影响也是导致终身学习观念淡薄的因素之一。部分高职院校学生可能将就业视为学习的终点，一旦找到工作便停止学习。这种观念可能源自社会对学历的过分重视和对工作经验的低估。一些学生可能认为，一旦获得了一定的学历和工作经验，就可以在职场中立足，不再需要不断学习和提升自己。这种就业观念的盛行可能导致学生对终身学习的重要性缺乏认识。

个人因素也会影响学生对终身学习的态度。一些学生可能缺乏自我激励和自我管理能力，对于终身学习缺乏主动性和积极性。这可能与个人的兴趣爱好、学习能力以及价值观念等因素有关。有些学生可能对学习产生抵触情绪，认为学习是一种负担而非乐趣，因此缺乏持续学习的动力。另外，一些学生可能对自己的职业发展缺乏清晰的规划和目标，缺乏对终身学习的迫切需求感。

高职院校学生终身学习观念淡薄的现状存在多种原因，包括教育体系的影响、就业观念的影响以及个人因素等。要改变这种状况，需要从多个方面入手，包括改革教育体系，提升学生的终身学习意识，加强就业指导，培养学生的职业规划能力，以及引导学生树立正确的学习态度等。只有通过综合性的措施，才能有效解决高职院校学生终身学习观念淡薄的问题，提升其职业素养和竞争力。

第三节　职业素养培养的途径与方法

一、实践教学与企业合作

实践教学与企业合作是提升职业素养的重要途径之一。在这种模式下，学生不仅能够在课堂上学习理论知识，还可以通过与企业合作开展实习实训、工学交替等形式，深入真实的工作环境中进行学习和应用。这种实践教学的方式

具有以下几个方面的优势和作用。

实践教学与企业合作可以帮助学生更好地了解专业知识在实际工作中的应用。在学生参与企业项目或实习实训过程中，他们将面对真实的工作挑战和问题，需要运用所学的理论知识来解决。这样一来，学生不仅能够加深对理论知识的理解，还能够培养解决实际问题的能力，提升自己的职业技能水平。

实践教学与企业合作可以促进学校与企业之间的深度合作。通过与企业合作开展实践教学，学校可以更好地了解企业的需求和行业发展趋势，及时调整和优化教学内容和方法，使之与市场需求保持一致。同时，企业也能够通过与学校合作，发现并吸纳优秀的人才，实现人才培养和用人需求的良性互动。

实践教学与企业合作有助于培养学生的工作态度和职业素养。在实践环境中，学生需要面对各种挑战和压力，需要展现出良好的工作态度和职业素养，如团队合作能力、沟通能力、责任心等。通过与企业合作开展实践教学，学生能够在真实的工作场景中培养这些素养，提升自己的职业竞争力。

实践教学与企业合作可以为学生提供更广阔的就业机会和发展空间。通过参与企业项目或实习实训，学生不仅能够积累工作经验，还能够拓展人脉和建立职业关系，为将来的就业和职业发展打下良好的基础。同时，一些优秀的学生在实践过程中可能会受到企业的青睐，获得直接的就业机会或实习生转正的机会，实现顺利就业。

实践教学与企业合作是提升职业素养的重要途径之一。通过与企业合作开展实习实训、工学交替等形式，可以帮助学生更好地了解专业知识在实际工作中的运用，促进学校与企业之间的深度合作，培养学生的工作态度和职业素养，为他们提供更广阔的就业机会和发展空间。因此，学校应该积极推动实践教学与企业合作的开展，为学生的职业发展提供更好的支持和保障。

二、职业生涯规划教育

职业生涯规划教育在高职院校中的重要性日益凸显。随着社会经济的不断发展和职业领域的不断变化，传统的教育模式已经无法满足日益多样化的就业需求。因此，高职院校应当积极开设职业生涯规划课程，以帮助学生更好地了解自己，认识职业世界，制定合理的职业规划，从而增强他们的职业意识和目标导向。

职业生涯规划教育有助于引导学生更好地认识自己。通过课程的学习，学生可以了解自己的个人特质、兴趣爱好、优势和劣势等方面，进而确定适合自己的职业方向。例如，一个具有创造性思维和艺术天赋的学生可能更适合选择艺术设计类的职业，而一个逻辑思维强、善于分析的学生则可能更适合选择工程技术类的职业。通过了解自己的特点，学生可以更加准确地选择适合自己的职业方向，避免盲目跟风或随波逐流的就业选择。

职业生涯规划教育有助于学生了解职业世界的实际情况。在课程中，学生不仅可以了解各个职业领域的发展趋势和就业前景，还可以了解不同职业的工作内容、工作环境、薪酬待遇等方面的信息。通过这些了解，学生可以更加清晰地认识到每个职业领域的特点和要求，为自己的职业选择提供更加全面的参考依据。同时，学生还可以了解到不同职业之间的联系和互动，为未来的职业发展做出更加明智的决策。

职业生涯规划教育有助于学生制定合理的职业规划。在课程中，学生将学习如何根据自己的兴趣、能力和目标，制定长远的职业规划，并分阶段制订具体的职业发展计划。通过系统性的规划和设计，学生可以更好地把握自己的职业发展方向，设定明确的职业目标，并制订相应的行动计划。这样一来，学生就能够更加有序地进行职业发展，提高实现职业目标的可能性，避免盲目性和随意性带来的不确定性和风险。

职业生涯规划教育有助于增强学生的职业意识和目标导向。通过课程的学习，学生将逐渐形成正确的职业观念和职业态度，认识到职业是人生的一部分，是实现个人发展和自我实现的重要途径。同时，学生还将树立明确的职业目标，树立正确的职业理想，为实现自己的职业梦想而不懈努力。这样一来，学生就能够更加自觉地面对职业发展的挑战和困难，更加坚定地走向自己理想的职业目标。

职业生涯规划教育对于高职院校学生的职业发展具有重要意义。通过开设职业生涯规划课程，引导学生更好地了解自己，认识职业世界，制定合理的职

业规划，增强职业意识和目标导向，可以有效地提高学生的就业竞争力和职业发展能力，促进他们实现自己的职业梦想。

三、加强职业道德教育

加强职业道德教育是培养学生良好职业素养的重要途径之一。在当今竞争激烈、信息快速传播的社会环境下，职业道德的重要性越发凸显。通过课堂教学、案例分析、角色扮演等方式，可以有效地引导学生树立正确的职业道德观念，塑造良好的职业素养。

课堂教学是加强职业道德教育的重要手段之一。在课堂上，教师可以通过讲解理论知识、展示实际案例等方式，向学生传达职业道德的重要性和内涵。通过案例分析，学生可以从实际生活中的职业道德事件中学习经验，思考如何应对类似情境，从而提高他们的职业道德素养。同时，教师还可以邀请行业内的专业人士来进行经验分享，让学生从专业人士的成功案例和失败经验中吸取教训，进一步明确正确的职业道德行为准则。

角色扮演是培养学生职业素养的有效方法之一。通过模拟真实职场情境，让学生扮演不同角色，体验不同职业道德冲突和抉择，从而培养他们的职业责任感、诚信和合作精神。在角色扮演中，学生可以扮演上级领导、同事、下属等不同角色，感受各种职业道德问题所带来的挑战和压力，从而更好地理解职业道德的重要性，并学会如何在实际工作中运用职业道德原则。

借助社会实践和实习也是加强职业道德教育的有效途径之一。通过参与社会实践和实习，学生可以接触到真实的职业环境和职业道德挑战，亲身体验职业道德的重要性。在实践中，学生将面临各种职业伦理问题和困境，需要运用所学的职业道德知识和原则来解决问题，从而提高他们的职业素养。同时，实践还可以让学生将理论知识应用到实际工作中，增强他们的实践能力和职业素养。

加强职业道德教育是培养学生良好职业素养的重要途径之一。通过课堂教学、案例分析、角色扮演等方式，可以有效地引导学生树立正确的职业道德观念，塑造良好的职业素养。同时，借助社会实践和实习，可以让学生在实践中感受职业道德的重要性，提高他们的职业素养水平。因此，加强职业道德教育是高校培养学生全面发展的重要举措，对提升学生的综合素质和职业竞争力具有重要意义。

四、终身学习体系建设

终身学习体系建设是一项持续的、系统化的工作，旨在鼓励个体在职业生涯中持续学习、不断提升自我。在现代社会，技术、知识和职业要求的不断变化和更新，使得终身学习越发成为一种必备的职业素养。

终身学习的重要性在于适应快速变化的职业环境。随着科技的迅速发展和经济的全球化，职场需求不断更新，旧有的技能可能会很快过时，而新的技能也在不断涌现。因此，只有不断学习，才能保持竞争力，适应不断变化的职业环境。终身学习还有助于个人实现自我提升，不断挑战自我，探索新的领域，实现个人成长和发展。

为了建设终身学习体系，学校和教育机构需要鼓励学生树立终身学习的观念。这可以通过在课程中强调学习的重要性，引导学生主动探索知识和技能，培养他们的自主学习能力。此外，学校还可以通过开设在线课程、讲座、研讨会等形式，为学生提供持续学习和自我提升的平台和资源。这些资源可以涵盖各个领域，包括技术、管理、领导力等，以满足不同学生的需求和兴趣。

另一个建设终身学习体系的途径是建立学习型组织。学习型组织是指能够不断学习、适应变化并创新的组织。为了建立学习型组织，领导者需要树立学习的文化，鼓励员工不断学习和分享知识，创造一个积极的学习氛围。组织还可以提供各种学习资源和培训机会，为员工提供学习的平台和条件。通过建立学习型组织，可以激发员工的学习热情，提升组织的学习能力和创新能力。

个人也需要自我管理和自我激励，不断提升自己的职业素养。个人可以制订学习计划，明确学习目标和时间表，利用碎片化时间进行学习，不断积累知识和经验。同时，个人还可以通过参加培训课程、读书、参加社区活动等方式拓展自己的视野，不断提升自己的综合能力和竞争力。

建设终身学习体系是适应快速变化的职业环境、实现个人成长和发展的重

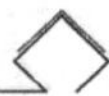

要途径。通过鼓励学生树立终身学习的观念，开设在线课程、讲座、研讨会等形式，建立学习型组织，以及个人自我管理和自我激励，可以促进职业素养的持续发展，实现个人和组织的共同进步。

五、建立导师制度

建立导师制度在职业素养培养中扮演着至关重要的角色。导师不仅是知识的传授者，更是学生在职业发展道路上的引路人和指导者。通过建立导师制度，可以为学生提供个性化的指导、专业性的支持以及职业生涯上的建议，从而全面提升他们的职业素养。

导师制度能够提供个性化的指导和反馈。每个学生的学习和发展路径都是独特的，他们可能面临各种各样的挑战和困难。而有了导师制度，导师可以根据学生的特点和需求，为他们量身定制学习计划和发展目标，提供针对性的指导和支持。同时，导师还能够及时给予学生反馈，帮助他们发现和纠正问题，不断提升自己的职业能力和素养。

导师制度有助于传承行业经验和职业智慧。在实践中，导师往往是行业内经验丰富、技术娴熟的资深专业人士。他们通过与学生的交流和互动，可以分享自己多年来在职业生涯中积累的宝贵经验和实践技巧，帮助学生更好地理解行业规律、把握职业发展方向，从而更加快速地适应和成长。

导师制度还能够促进学生与行业的深度融合。导师往往具有丰富的行业资源和人脉关系，通过与导师的合作，学生可以更容易地接触到行业内的先进技术、前沿信息以及职业发展机会。导师可以为学生提供实习、项目合作等机会，让他们在真实的职业环境中进行实践和锻炼，提升自己的实践能力和专业素养。

导师制度还可以培养学生的职业认同感和责任意识。通过与导师的交流和互动，学生能够更深入地了解自己所从事的行业，认识到自己的工作对社会的意义和影响。导师可以通过分享自己的职业理念和价值观，引导学生树立正确的职业态度和价值取向，培养他们的责任心和使命感，让他们在未来的职业生涯中能够胸怀大局、勇于担当。

导师制度也是一种持续学习和成长的机制。在导师的指导下，学生不仅能够获得知识和技能上的提升，还能够培养自主学习和反思的能力。导师可以鼓励学生主动探索和实践，帮助他们建立自己的学习方法和思维模式，培养他们的创新意识和问题解决能力，从而在不断学习和成长中实现自我价值的最大化。

建立导师制度是提升学生职业素养的重要途径之一。通过导师的指导和支持，学生可以获得个性化的指导和反馈、传承行业经验和职业智慧、与行业深度融合、培养职业认同感和责任意识，以及持续学习和成长的机会，从而全面提升自己的职业素养，为未来的职业生涯奠定坚实的基础。

第十一章　高职院校学生综合素质评价体系的构建

第一节　综合素质评价体系的原则与标准

一、全面性原则

在当今社会，综合素质评价体系逐渐成为衡量学生全面发展的重要工具。传统的教育评价体系主要侧重于学术成绩的量化，而忽视了学生在道德、心理、社交等非学术领域的发展。然而，随着社会的不断进步和教育理念的更新，人们开始认识到，一个人的成功不仅仅依赖于学术知识的积累，更重要的是其综合素质的全面发展。因此，构建一个公正、全面的综合素质评价体系显得尤为重要。本文将详细探讨综合素质评价体系的原则与标准，特别是全面性原则的重要性和实施标准。

综合素质评价体系的建立，旨在全面评价学生的各方面能力，包括知识掌握程度、思维能力、情感态度、道德品质、身体健康、艺术审美、社交能力等。这种评价方式有助于促进学生的全面发展，提高其适应社会的能力。与传统的以考试成绩为主要评价标准的方法相比，综合素质评价更加注重过程和多样性，能够更准确、全面地反映学生的实际水平和潜能。

全面性原则是综合素质评价体系的核心之一，它要求评价内容应覆盖学生的知识、能力和态度等多个方面。这意味着，评价不仅仅局限于学生的学术成绩，还包括其在道德、心理健康、社交能力等非学术领域的表现。实施全面性原则，可以确保评价体系不偏不倚，全方位地反映学生的综合素质。全面性原则的实施标准如下。

（一）知识与学术能力评价

评价学生在数学、语言、科学等学术领域的知识掌握和应用能力，以及他们的思维方法和学习策略。

（二）道德素质评价

关注学生的道德认知和行为表现，包括诚实守信、责任感、公平正义等方面。

（三）心理健康评价

评估学生的心理状态和情绪调节能力，包括自我认知、抗挫折能力、情绪管理等。

（四）社交能力评价

观察学生的人际交往能力和团队协作精神，以及他们在社会实践活动中的表现。

（五）身体健康与体育能力评价

评价学生的身体健康状况、体育锻炼习惯和体育技能。

（六）艺术审美与创造能力评价

考查学生的艺术欣赏能力和艺术创作潜力。

通过上述多维度的评价，全面性原则确保了综合素质评价体系的广泛覆盖和深入挖掘，有助于全方位地理解和促进学生的成长和发展。

尽管全面性原则具有重要意义，但在实施过程中也面临着一些挑战。例如，如何确保评价的客观性和公正性、如何处理不同评价维度之间的权重分配、如何培训评价人员以提高评价的专业性和准确性等。面对这些挑战，需要建立科学的评价标准和程序，采用多种评价方法和工具，如自评、同伴评价、教师评价、家长评价等，以及利用信息技术提高评价的效率和准确性。同时，还需要对评价人员进行专业培训，确保他们能够公正、客观地进行评价。

综合素质评价体系的建立和实施，是对传统教育评价体系的重要补充和完善。全面性原则的贯彻实施，不仅有助于全面评价和促进学生的全面发展，还有助于培养学生适应未来社会的综合能力。面对实施过程中的挑战，需要教育管理者、教师、家长和社会各界共同努力，不断优化和完善综合素质评价体系，为学生的全面成长和发展创造更加有利的条件。

二、发展性原则

在当今社会，教育的目标不仅仅是传授知识，更重要的是培养学生的综合素质，包括知识、技能、情感、态度和价值观。为了实现这一目标，需要建立一个科学、合理的综合素质评价体系。这样的评价体系旨在全面、客观地评估学生的综合素质，促进学生的全面发展。在构建综合素质评价体系时，发展性原则是一个关键的考量因素。

综合素质评价体系是一种多元化的评价体系，它超越了传统的以考试成绩为主的评价模式，更加注重学生能力的培养和综合素质的提升。这种评价体系通常包括学业成绩、道德素养、体育健康、艺术修养、社会实践等多个方面，旨在全面反映学生的学习和发展情况。综合素质评价体系的建立，应遵循公正性、科学性、全面性和发展性等原则，其中发展性原则是其核心。

发展性原则强调评价体系应关注学生的个性和成长潜力，鼓励学生根据自己的兴趣和特长进行发展。这一原则的实施，要求评价不仅是对学生已有成就的认可，更重要的是对学生未来发展的指导和支持。这意味着评价不应仅仅停留在结果上，而应深入过程中，关注学生的学习态度、学习方法、思维能力和创新能力等方面，帮助学生认识到自身的优势和不足，激发学生的内在动力，促进其个性化发展。

发展性评价的实施，要求教育者改变传统的评价观念和方法。首先，教育者应采用多样化的评价方法，如同行评价、自我评价、项目评价等，以适应不同学生的特点和需求。其次，评价的重点应从知识的掌握转向能力的培养，从单一的学科成绩转向多方面素质的评价。再次，评价应具有明确的指向性和操作性，能够为学生提供具体的学习建议和发展路径。最后，评价应建立在充分尊重学生个性的基础上，允许学生在不同的领域和方向上展现自己的特长和潜力。

在实践中，发展性评价的应用可以采取多种形式。例如，学校可以设立学生个人发展档案，记录学生的学习过程、参与活动、成就展示等，以便于学生和教师共同反思和评价学生的成长过程。学校还可以通过组织丰富多样的课外活动、社会实践活动等，为学生提供展示自己特长和探索兴趣的平台，从而促进学生的个性化发展。此外，教师在日常教学中也应关注学生的个性差异，采用差异化教学策略，为不同学生提供适宜的学习资源和指导，帮助每个学生实现其潜能。

发展性原则是综合素质评价体系的核心原则之一，它强调评价应关注学生的个性和成长潜力，促进学生根据自己的兴趣和特长进行发展。实施发展性评价，要求教育者改变传统的评价观念和方法，采用多样化的评价方法，关注学生的全面发展，为学生的个性化发展提供支持和指导。通过建立科学合理的综合素质评价体系，可以更好地促进学生的全面发展，培养学生的综合素质，为学生的终身发展奠定坚实的基础。

三、客观公正原则

在当今社会，综合素质评价体系在教育、企业管理、人力资源等多个领域发挥着至关重要的作用。随着人们对个体能力多元化需求的增长，传统的基于成绩或业绩的评价方式已经不能全面反映一个人的综合素质。因此，构建一个科学、合理、公正的综合素质评价体系显得尤为重要。其中，确保评价过程和结果的客观性和公正性是其核心原则之一。这不仅关系到评价的有效性和可信度，也直接影响到被评价者的发展机会和心理健康。

客观公正原则要求评价体系必须建立在科学的评价标准上。这意味着评价标准需要基于大量的实证研究、专家意见和实践经验，确保其具有普遍性和可操作性。评价标准应涵盖知识、技能、态度和价值观等多方面，反映个体在不同维度的综合素质。例如，在教育领域中，评价体系不仅应考虑学生的学术成绩，还应包括创新能力、团队合作能力、社会责任感等非智力因素。在企业管理中，员工的评价不应仅限于业绩完成情况，还应包含工作态度、领导力、沟通协调能力等。通过科学的评价标准，可以确保评价的全面性和深入性，避免片面评价导致的不公正。

采用多元化的评价方法是实现客观公正原则的关键措施。传统的评价往往依赖于单一的量化指标，如考试成绩、销售额等，这种方法很难全面反映个体的综合素质。因此，综合素质评价体系应结合定量和定性评价方法，采用观察、访谈、自评、同伴评价、案例分析等多种方式，从不同角度、多个层面对个体进行评价。这样不仅可以提高评价的全面性和准确性，也有助于发现和培养个体的潜能。例如：在学校教育中，可以通过项目学习、小组讨论、角色扮演等方式评价学生的合作能力和问题解决能力；在企业中，可以通过360度反馈、绩效讨论等方式评价员工的工作表现和潜在能力。

客观公正原则还要求评价过程的透明化和规范化。评价过程应公开透明，确保所有评价活动都有明确的流程和标准，避免任何形式的偏见和歧视。评价者应接受专业培训，具备相关的评价能力和伦理意识，确保评价的专业性和公正性。同时，评价结果应当有充分的反馈机制，被评价者有权知悉评价结果及其依据，有机会对评价结果提出异议和申诉。这种开放、公正的评价过程不仅可以增强评价的透明度和可信度，也有助于提升被评价者的参与感和满意度。

实现客观公正原则还需要建立持续改进的机制。综合素质评价体系是一个动态发展的过程，需要不断根据社会需求、科技进步和实践经验进行调整和优化。这就要求评价体系具有灵活性和适应性，能够及时反映出新的评价需求和标准。通过定期的评价体系审核、评价方法更新、评价者培训等措施，可以确保评价体系始终保持其科学性、合理性和公正性。

构建客观公正的综合素质评价体系是一个复杂而系统的工程，需要多方面的努力和持续的优化。通过建立科学的评价标准、采用多元化的评价方法、确保评价过程的透明化和规范化，以及建立持续改进的机制，可以有效地确保评价的客观性和公正性，从而为个体提供准确、全面的评价结果，促进其全面发展和社会进步。

四、动态性原则

综合素质评价体系在当今教育体系中扮演着至关重要的角色，它旨在全面、客观地评价学生的知识、能力和态度，进而促进学生全面发展。随着教育理念的不断更新和教学方法的持续创新，综合素质评价体系也在不断地发展和完善。在这一过程中，动态性原则成为其基本原则之一，它要求评价体系能够灵活应对教育教学改革的需求，及时调整评价的内容和方法，以准确反映学生的素质变化和进步。

动态性原则的核心在于认识到学生的发展是一个不断变化的过程，学生的知识、能力和态度会随着时间的推移而发生变化。因此，一个有效的综合素质评价体系必须能够适应这种变化，灵活调整评价的标准和方法，以确保评价结果能够真实、准确地反映学生的当前水平。这不仅要求评价体系具备高度的灵活性和适应性，还要求评价过程能够持续进行，以捕捉学生发展的每一个重要阶段。

实施动态性原则，需要建立一个多维度的评价体系。这意味着评价不仅仅应关注学生的学业成绩，还应涵盖学生的情感态度、价值观、创新能力、实践能力等多个方面。通过这种多维度的评价，教师和家长可以更全面地了解学生的综合素质，更准确地识别学生的长处和短板，从而更有效地指导学生的学习和发展。

实施动态性原则，还需要评价体系具有良好的反馈机制。评价结果不仅是对学生过去学习成绩的总结，更是对其未来发展的指引。因此，评价体系应当能够提供及时、具体的反馈信息，帮助学生了解自己的学习情况，明确学习目标，调整学习策略。同时，教师也可以根据评价反馈调整教学方法和内容，以更好地满足学生的学习需求。

实施动态性原则，还强调评价体系本身的持续改进。随着社会的发展和教育理念的变化，学生所需掌握的知识和技能也在不断更新。因此，综合素质评价体系需要定期进行评估和修订，以确保其评价内容和标准能够反映时代的需求，符合教育的目标。这要求教育管理者、教师和评价专家等多方参与，通过研究和实践不断探索更加有效的评价方法和技术。

实施动态性原则，还要求评价体系能够充分利用现代信息技术。随着信息技术的迅速发展，大数据分析、人工智能等技术为动态评价提供了新的可能性。通过这些技术，可以实现对学生学习过程的实时监测和分析，提高评价的效率和精准度。同时，这些技术还能帮助教师和学生更好地理解评价结果，发现学习中的问题，及时调整学习策略和教学方法。

实施动态性原则，还需要建立一个开放、包容的评价文化。这意味着评价不应被视为一种单向的、权威的判断，而应是一种双向的、互动的过程。教师、学生和家长都应该参与评价过程，共同探讨评价的标准和方法，分享评价的结果和经验。通过这种开放的交流和合作，可以增强评价的透明度和公正性，促进评价文化的健康发展。

动态性原则对于构建一个有效的综合素质评价体系至关重要。通过实施这一原则，可以使评价体系更加灵活、准确和有效，更好地促进学生的全面发展和教育教学的改革。然而，实现这一目标需要教育者不断探索和创新，充分利用科技手段，构建开放和包容的评价文化，共同努力提高综合素质评价的质量和效果。

第二节　综合素质评价体系的内容与结构

一、维度设置

在当今这个快速发展的社会中，教育的重点已经从传统的知识传授转变为培养学生的综合素质。因此，综合素质评价体系成为教育领域的热点话题，它旨在全方位评价学生的能力和潜力，为学生的成长和发展提供更加全面的支持。

综合素质评价体系的核心在于其多维度的评价标准，这些标准覆盖了学生发展的各个方面。与传统的以考试成绩为主的评价方式不同，综合素质评价体系强调学生个性和能力的多样性，更注重评价学生的思想道德素质、社会实践能力、专业技能、团队合作与领导力以及创新创业能力等。这种评价方式能够促进学生全面发展，不仅仅是学术上的，还包括人格、道德、身心健康等多方面的成长。

综合素质评价体系的维度设置是其核心部分，包括但不限于以下几个方面。

（一）学术成就

学术成就是评价学生综合素质的基础，它不仅包括学生的学习成绩，还包括学生的学习态度、学习方法、知识应用能力等。通过对学术成就的评价，可以了解学生的知识掌握程度和学习能力。

（二）思想道德素质

思想道德素质是学生个性发展的重要方面，它包括诚信、责任感、公正、尊重他人等基本道德品质，以及国家观念、法治观念等。通过评价学生的思想道德素质，可以促进学生形成正确的价值观和人生观。

（三）社会实践能力

社会实践能力反映了学生将理论知识应用于实践中的能力，它包括组织活动、公益服务、社会调查等方面。通过社会实践，学生可以提升自我认识，增强社会责任感和服务社会的能力。

（四）专业技能

对于特定学科或专业领域，学生需要具备相应的专业技能。这包括专业知识的掌握、专业技能的应用等，通过评价学生的专业技能，可以了解学生在专业领域的专业素养和能力。

（五）团队合作与领导力

在现代社会，团队合作与领导力是非常重要的能力。这一维度评价学生在团队中的沟通协作能力、解决冲突的能力，以及在团队中承担领导角色的能力。

（六）创新创业能力

创新是推动社会进步的重要动力，创业则是实现个人价值和社会价值的重要途径。通过评价学生的创新思维和创业能力，可以促进学生的创造性思维和实践能力的发展。

为了有效实施综合素质评价体系，需要建立一个结构化的评价框架，该框架应包括评价标准、评价方法、评价过程和评价反馈等多个环节。首先，明确各维度的评价标准是实施评价的基础；其次，选择合适的评价方法，如自评、互评、教师评价等，可以更全面地评价学生的综合素质；再次，规范评价过程，确保评价的公正性和有效性；最后，建立有效的反馈机制，将评价结果反馈给学生和教师，以促进学生的成长和改进教学方法。

综合素质评价体系的建立是对传统教育评价体系的重要补充，它更加注重学生能力和个性的全面发展。通过多维度的评价，可以更全面地了解学生的综合素质，为学生的个性化发展提供指导和支持。然而，实施综合素质评价体系也面临着一系列挑战，如评价标准的科学性、评价方法的多样性和评价结果的应用等，这些都需要教育工作者、学校管理者和政策制定者共同努力，不断探索和完善。通过持续的努力，我们可以期待建立一个更加公正、全面和有效的教育评价体系，为学生的全面发展和终身学习奠定坚实的基础。

二、层次分化

（一）评价体系的内容

在当今社会，教育评价体系的建设和完善越来越被重视，特别是在培养学生综合素质方面，建立一个科学、合理、多元的评价体系显得尤为重要。本文将重点讨论综合素质评价体系的内容与结构，以及如何根据学生的不同特点和发展阶段实施层次分化的评价标准，以促进每个学生的个性化发展。

综合素质评价体系是一种全面评价学生学习成果、个性发展、社会适应能力等多方面素质的体系，它超越了传统的以考试分数为主的评价模式，更加注重学生的全面发展和个性化成长。这种评价体系通常包括以下几个方面的内容。

1. 学业成绩评价

这是评价体系中较为传统且基础的部分，主要评价学生的知识掌握程度和学习能力。但在综合素质评价体系中，学业成绩的评价更加注重理解和应用，而非简单的记忆和重现。

2. 能力素养评价

这一部分主要评价学生的思维能力、创新能力、解决问题的能力等，这些能力对学生的长远发展至关重要。

3. 个性发展评价

每个学生都有其独特的兴趣、特长和潜能，个性发展评价旨在发现和培养学生的这些特质，帮助学生形成自己的个性和特色。

4. 社会适应能力评价

这一部分评价学生的团队协作能力、沟通能力、社会责任感等，这些都是学生适应社会、实现自我价值的重要素质。

在结构上，综合素质评价体系通常采用分层次、多维度的评价模式。这意味着评价体系不仅要覆盖不同的内容领域，还要根据学生的发展阶段和个性特点进行差异化设计。具体来说，评价体系可以分为基础层、发展层和拓展层等多个层次，每个层次针对不同的评价目标和需求，形成一个既全面又具有弹性的评价结构。

（二）评价体系的实施策略

实施层次分化的评价标准，首先需要对学生群体进行细致的分类，根据学生所处的学年、专业、兴趣、特长等因素，将学生划分为不同的群体或个体。然后，针对每个群体或个体设定符合其特点和发展阶段的评价标准和目标，以此来促进学生的个性化发展。以下是实施层次分化评价的一些策略。

1. 差异化设计评价内容

根据不同学生群体的特性，设计差异化的评价内容。例如：对于文科学生和理科学生可以设定不同的能力素养评价标准；对于不同年级的学生，可以根据他们的成长阶段调整社会适应能力的评价重点。

2. 个性化设置评价目标

对于有特殊才能或兴趣的学生，可以设置更加个性化的评价目标，鼓励他们在自己擅长或感兴趣的领域深入发展。

3. 灵活运用评价方法

采用多样化的评价方法，如自我评价、同伴评价、教师评价、项目评价等，这些方法可以更全面地反映学生的综合素质，同时也有利于激发学生的自主学习和自我提升意识。

4. 实施动态调整机制

综合素质评价是一个动态的过程，需要根据学生的发展情况和反馈信息及时调整评价标准和方法。通过建立一个包容、开放的评价环境，鼓励学生勇于尝试和挑战，不断探索自我潜能。

综合素质评价体系的构建和实施是一个复杂但意义重大的任务。通过层次分化的评价标准，不仅可以更精准地评价和促进学生的全面发展，还能为学生的个性化成长提供有力支持。在这一过程中，需要教育工作者、学生和家长等多方共同参与，不断探索和完善评价体系，为培养适应未来社会需要的高素质人才奠定坚实的基础。

三、动态反馈

在当代教育领域，综合素质评价体系是对学生全面发展状况的综合评估，它超越了传统的以知识掌握为核心的评价模式，更加注重学生的能力、态度和个性等多维度发展。然而，评价体系的有效性不仅仅取决于其评价内容的全面性和评价方法的科学性，还在于能否通过有效的动态反馈机制，将评价结果转化为促进学生个人成长和教师教学改进的动力。

综合素质评价体系的内容与结构旨在全方位、多角度地反映学生的成长和发展情况。这一体系通常由学业成绩、能力素质、心理健康、身体素质、艺术修养、社会实践等多个维度组成。每个维度下又包含了更为具体的评价指标，如学业成绩不仅涵盖了传统的学科知识掌握程度，还可能包括学习能力、创新思维等方面。能力素质则可细分为沟通能力、团队合作、问题解决能力等。这种结构的设计旨在把握学生发展的全貌，促进学生在知识、能力和素养等方面的均衡发展。

动态反馈是综合素质评价体系中的关键环节，它指的是在评价过程中建立起的一套有效的信息反馈和处理机制，及时将评价的结果和建议反馈给学生和教师，为学生的个人发展计划和教师的教学改进提供指导和参考。动态反馈的实质是一个信息交流和处理的过程，它要求评价体系不仅要能够准确地评价和记录学生的发展情况，还要能够及时、有效地将这些信息传达给相关的教育参与者，并在此基础上产生相应的改进措施。

动态反馈的重要性体现在以下几个方面：首先，它能够帮助学生更好地认识自己，了解自己在各个维度上的发展状况，明确自己的优势和不足，从而有针对性地制订个人发展计划，促进自我成长。其次，动态反馈为教师提供了重要的教学反馈信息，教师可以根据学生的具体发展情况和需求，调整教学策略和内容，实施更为个性化、差异化的教学。此外，动态反馈还有助于建立起学生、教师和家长之间的有效沟通，形成良好的教育合力，共同促进学生的全面发展。

实施动态反馈的策略包括：首先，确保评价信息的准确性和及时性。这要求评价体系能够科学、合理地设计评价指标和方法，确保评价结果的客观性和准确性。同时，要建立起高效的信息处理和反馈机制，确保评价结果能够快速地反馈给学生和教师。其次，强化反馈信息的针对性和可操作性。评价反馈不应仅停留在成绩的呈现上，更要深入分析学生的具体不足和成长潜力，提供具体的改进建议和发展策略。最后，建立开放的沟通渠道，鼓励学生、教师和家长之间的互动交流，共同参与学生的教育过程，形成共育共享的教育生态。

综合素质评价体系通过全面、科学的评价内容与结构，为学生的全面发展提供了评价基准和方向。而动态反馈机制的有效实施，则是确保评价体系发挥实际效用的关键，它通过建立起有效的信息反馈和处理机制，为学生的个人发展和教师的教学改进提供了有力的支持。在当前教育改革的大背景下，构建和完善综合素质评价体系，特别是其动态反馈机制，对于促进学生的全面发展和提升教育质量具有重要的意义和价值。

第三节　综合素质评价体系的实施与管理

一、建立专门机构

在当今社会，随着人才培养需求的不断变化和提升，高等职业教育的发展面临着新的挑战和机遇，特别是对于高职院校而言，不仅要重视学生的专业知识和技能培养，更要注重学生综合素质的提升。因此，构建和实施一个科学、合理的综合素质评价体系，对于引导学生全面发展、提高人才培养质量具有重要意义。本文将重点讨论高职院校综合素质评价体系的实施与管理，特别是建立专门机构在其中的作用和重要性。

在综合素质评价体系的构建和实施过程中，建立专门机构是确保评价工作专业性和系统性的关键一步。首先，综合素质评价不同于传统的学科知识考核，它涵盖了学生的思想品德、创新能力、实践技能、团队合作等多个维度。这要求评价机构不仅需要具备专业的评价知识和技能，还需了解学生发展的全面性和多样性。其次，综合素质评价的实施涉及广泛的利益相关方，包括学生、教师、学校管理层、用人单位等，需要通过专业机构来协调各方的需求和期望，确保评价结果的公正性和透明性。

专门机构在综合素质评价体系中发挥着多方面的作用。首先，该机构负责制定评价体系的设计原则和评价标准，确保评价内容的科学性和实用性。其次，专门机构需要负责评价体系的实施工作，包括评价工具的选择和开发、评价过程的组织与管理、评价数据的收集和分析等。此外，专门机构还需对评价结果进行监督和评估，及时发现问题并提出改进建议，保证评价工作的持续改进和优化。

为了有效实施和管理综合素质评价体系，高职院校需要采取一系列策略。首先，需要确保专门机构具有足够的权威性和独立性，避免评价过程中的任何偏见和不公。其次，专门机构应建立多元化的评价指标体系，充分考虑不同学生的特点和需求，确保评价的全面性和个性化。同时，评价过程应注重公开透明，建立健全的反馈和申诉机制，确保学生和其他利益相关方的权益得到保护。此外，专门机构还需定期对评价体系进行审查和调整，以适应教育教学改革的需求和社会发展的趋势。

尽管建立专门机构对于高职院校综合素质评价体系的实施与管理至关重要，但在实践中也面临着一些挑战。例如，如何平衡学科知识考核与综合素质评价的关系、如何确保评价的客观性和公正性、如何提高全体师生对综合素质评价重要性的认识等。面对这些挑战，高职院校需要加强专门机构的建设和人员培训，提升评价工作的专业性和效率。同时，应加大与外部专家和其他高校的交流合作，借鉴先进的评价理念和经验，不断优化和完善综合素质评价体系。

建立专门机构在高职院校综合素质评价体系的实施与管理中发挥着不可替代的作用。通过专业化、系统化的评价工作，不仅可以促进学生综合素质的全面提升，还可以为高质量的人才培养提供有力支撑。面对未来教育发展的新趋势和新要求，高职院校应不断深化教育教学改革，完善综合素质评价体系，为学生的终身发展和社会的可持续发展作出更大贡献。

二、培训评价人员

综合素质评价体系的实施与管理是当前教育改革中的一个重要环节，它旨在通过多元评价手段，全面、客观地评价学生的综合素质，从而促进学生全面发展。实施这一体系的关键之一在于培训评价人员，确保他们具备高度的专业能力和敏锐的评价观察力，这对于保证评价结果的有效性和准确性至关重要。

在传统的教育评价体系中，学生的评价往往侧重于学业成绩，而忽略了对学生综合素质的评价，这导致学生可能在学业上表现优异，但在团队协作、创新思维、情感态度等方面的素质却不尽如人意。综合素质评价体系的提出，正是为了弥补这一不足，通过对学生综合素质的全面评价，更加准确地反映学生的真实水平，促进其全面发展。

为了实现综合素质评价的目标，培训评价人员成为一项重要任务。评价人员主要包括教师和专门的评价人员，他们在评价过程中扮演着至关重要的角色。因此，通过举办培训工作坊、研讨会等形式，提高他们对综合素质评价体系的理解和操作能力，是确保评价有效性和准确性的关键一环。

培训内容主要围绕综合素质评价体系的基本理念、评价标准、评价方法和操作流程等方面展开。首先，培训需要帮助评价人员深刻理解综合素质评价的重要性和必要性，明确评价的目标和意义。其次，培训需要对评价标准进行详细解读，帮助评价人员掌握如何根据标准进行客观、公正的评价。再次，培训需要介绍各种评价方法和技巧，例如观察法、访谈法、自评法、同伴评价法等，让评价人员了解如何在实际操作中灵活运用这些方法进行评价。最后，培训还需要通过案例分析、模拟评价等方式，加强评价人员的实操能力，确保他们能够熟练地运用综合素质评价体系进行评价。

评价人员的培训还应该注重培养其敏锐的观察力和高度的专业素养。在综合素质评价过程中，评价人员不仅需要关注学生的学业成绩，更重要的是要深入了解学生在社会实践、创新能力、人际交往、心理健康等方面的表现。这就要求评价人员具有较强的观察力和洞察力，能够准确捕捉到学生在各个方面的表现和特点。同时，评价人员还需要具备高度的专业素养，能够理性分析评价结果，公正地给出评价意见，避免主观臆断影响评价的准确性。

综合素质评价体系的实施与管理是一个复杂而系统的工程，它不仅涉及评价体系的构建和完善，更重要的是需要通过专业化、系统化的培训，提高评价人员的综合素质和专业能力。只有这样，才能确保综合素质评价体系能够有效运行，真正达到促进学生全面发展的目标。在这一过程中，培训评价人员的重要性不言而喻，它是确保评价工作顺利进行的基础，也是实现教育公平、提升教育质量的关键。通过不断优化培训内容和培训方法，建立健全的培训体系，可以有效提升评价人员的专业水平，进而推动综合素质评价体系的健康发展，为学生的全面成长创造更加有利的条件。

三、制定详细规程

综合素质评价体系的实施与管理是一个复杂而细致的过程，其中制定详细规程是其核心和基础。在当前教育改革的背景下，综合素质评价体系的实施不仅关系到学生个人发展的全面性，也影响着教育公平与质量的提升。因此，构建一个科学、合理、有效的综合素质评价体系显得尤为重要。在这个过程中，制定详细规程是保障评价工作规范性和一致性的关键。

详细规程的制定需要基于对综合素质评价目的和意义的深刻理解。综合素质评价不仅仅是对学生学业成绩的评定，更重要的是要评价学生的道德品质、创新精神、社会实践能力、身心健康等多方面的素质。因此，详细规程的制定要能够全面覆盖这些评价维度，确保每个维度都有明确的评价标准和方法。

详细规程的制定还需考虑评价的具体流程。从评价的准备工作到实施，再到评价结果的应用，每一步都需要有清晰的操作指导。例如，在评价前，教师、学生和家长都需要对评价的目的、内容、方法等有一个全面的了解和认识。在评价过程中，如何确保评价的公正性、客观性，如何处理评价中可能出现的问题，都需要在规程中给出明确的指导。在评价后，如何利用评价结果促进学生的个人发展，也是规程需要关注的内容。

详细规程的制定应当重视评价方法和工具的选择与设计。综合素质评价不同于传统的考试评价，它需要更加多元化和灵活的评价方法，如自我评价、同伴评价、教师评价、项目评价等，以及相应的评价工具，如观察记录表、评价指标体系、评价反馈表等。规程中不仅要明确这些方法和工具的使用方式，还要确保它们的科学性和适用性，以便能够准确、全面地评价学生的综合素质。

评价标准的制定是详细规程中的另一个重要内容。评价标准不仅要科学、合理，还要具有指导性和可操作性。它需要根据学生年龄特点、发展阶段以及社会对人才的需求来设定，既要能够激励学生的个人发展，又要符合教育公平的原则。规程中应当明确各项评价维度的标准，指出评价的等级或程度，以便评价者能够准确把握评价的尺度。

综合素质评价体系的实施与管理还需要一个持续的优化和反馈机制。详细规程的制定并不意味着一成不变，随着教育实践的深入和社会需求的变化，评价体系和规程也需要不断地调整和完善。因此，规程中还应包括对评价体系进行监督、评估和反馈的机制，确保评价体系能够适应教育发展的需求，促进学生全面发展和教育质量的提升。

制定详细规程是综合素质评价体系实施与管理的关键环节。这不仅需要对评价的理念、目标有深刻的理解，还需要科学的方法和工具，以及合理、可操作的评价标准。通过持续的优化和反馈，构建一个既科学合理又灵活多元的综合素质评价体系，对促进学生全面发展和提升教育质量具有重要意义。

四、建立反馈和改进机制

在当代教育体系中，综合素质评价体系的实施与管理是提升学生全面发展和教育质量的重要途径。随着教育改革的不断深入，越来越多的教育工作者和研究者认识到，仅仅依靠传统的考试成绩来评价学生的学业成就是远远不够的。因此，综合素质评价体系应运而生，旨在全面、客观地评价学生的知识掌

握、能力发展和个性特征等多个维度，以促进学生的全面发展。然而，任何评价体系的设计和实施都不可能一蹴而就，需要通过建立有效的反馈和改进机制，根据实施过程中遇到的问题和挑战进行不断调整和完善。

建立反馈和改进机制的核心在于建立一个多元化的反馈收集渠道，这包括学生、教师、家长以及其他教育利益相关者的意见和建议。学生是综合素质评价的直接对象，他们的感受和体验对评价体系的优化至关重要。通过问卷调查、面对面访谈、小组讨论等多种方式，可以收集到学生对评价内容、方式、频率等方面的反馈。教师作为评价实施的主体，他们的专业判断和实施经验对评价体系的改进同样不可或缺。此外，家长作为教育的参与者和观察者，他们对孩子的全面发展有着直观的认识和评价，他们的意见可以为评价体系的完善提供宝贵的外部视角。

建立反馈和改进机制还需要设立专门的评估小组，负责定期对综合素质评价体系进行审查和调整。这个评估小组应该由教育管理者、教师代表、学生代表、家长代表以及来自高等教育机构、研究机构的专家学者组成，以确保评价体系调整的全面性和科学性。评估小组的工作内容包括但不限于分析反馈信息，识别评价体系中存在的问题，对评价标准、方法、工具等进行科学评估和修订，探索和实验新的评价理念和技术，以及监测改进措施的实施效果。

建立有效的反馈和改进机制还需要强化数据分析能力。在综合素质评价过程中，会产生大量的数据，如学生自评、同伴评价、教师评价以及各种形式的表现记录等。通过对这些数据进行深入分析，可以更准确地把握评价体系的运行状况，发现其中的规律性问题，为评价体系的改进提供科学依据。同时，数据分析还能够帮助教育管理者和教师更好地了解学生的成长轨迹，为每个学生提供更为个性化的教育指导和支持。

建立反馈和改进机制还应当注重评价结果的应用。评价结果不仅仅是对学生的一种反馈，更是对教育教学活动的一种反馈。学校和教师应当根据评价结果，反思和调整教学策略和方法，以更好地促进学生的全面发展。同时，评价结果还应当作为学校教育质量自我提升的重要参考，促使学校在课程设置、教育资源配置、学校文化建设等方面进行优化和改进。

综合素质评价体系的实施与管理是一个复杂而又充满挑战的过程，需要教育管理者、教师、学生、家长以及社会各界的共同努力和参与。通过建立有效的反馈和改进机制，不断地搜集各方面的意见和建议，定期审查和调整评价体系，可以确保综合素质评价体系更加科学合理、动态适应，从而更好地服务于学生的全面发展和教育质量的提升。

第十二章　高职院校学生综合素质培养的挑战与对策

第一节　当前高职院校学生综合素质培养面临的挑战

一、教育资源分配不均衡

在当前的教育背景下，高职院校作为职业教育的重要组成部分，承担着为社会培养应用型、技能型人才的重要任务。随着经济社会的快速发展，对高素质技术技能人才的需求日益增长，高职教育的重要性和紧迫性更加凸显。然而，在这一过程中，高职院校学生的综合素质培养面临着多重挑战，其中教育资源分配不均衡问题尤为突出。

在高职教育领域，教育资源的不均衡分配表现在多个层面。首先是优质师资力量的不均衡。一线教师是教育质量的直接决定因素，优质师资的分布不均导致了教学质量的地域和院校间差异。一些地区或院校因为地理位置、经济条件等，难以吸引和留住高水平的教师，这直接影响到学生的学习效果和综合素质的提升。

实训设施和科研项目资源的差异，也是教育资源不均衡的重要体现。高职教育特别强调实践能力的培养，良好的实训设施是提高学生实践技能的关键。然而，由于资金投入、地域发展等因素的差异，一些高职院校难以建立和维护先进的实训基地，限制了学生的实践学习机会。此外，参与科研项目不仅能提升学生的创新能力和科研素养，还能拓宽其学术视野，但这类机会往往集中在资源相对丰富的院校，使得部分学生缺乏参与科研的机会。

除了上述直接的资源差异外，教育资源分配不均衡还体现在信息资源的获取、校企合作机会等方面。信息技术的发展为学习提供了更多可能，但并非所有学生都能平等地获取和利用这些资源。校企合作是高职教育的一大特色，通过合作能够为学生提供实习、就业等机会，然而，这类合作机会的分配也存在明显不平衡，导致学生发展机会的差异。

面对教育资源分配不均衡带来的挑战，高职院校需要采取多种措施来缓解这一问题。首先，提高师资队伍的整体水平，特别是在偏远和经济欠发达地区的高职院校，可以通过政府支持、跨区域教师交流等方式，提升教师的教学和科研能力。其次，加大对实训基地和科研项目的投入，通过政府、企业和学校的合作，共同筹措资金，更新实训设备，拓宽学生的实践和科研平台。此外，高职院校还应利用网络和信息技术，打破地理和时间的限制，为学生提供更广泛的学习资源和平台。

教育资源分配不均衡是高职院校学生综合素质培养面临的一大挑战。为了应对这一挑战，需要政府、学校、企业及社会各界的共同努力，通过优化资源配置、创新教育模式等措施，提高教育质量，促进学生的全面发展。在此基础上，高职教育才能更好地适应社会发展的需求，为学生的成长和职业发展奠定坚实的基础。

二、课程体系与市场需求脱节

在当前的教育环境中，高职院校作为培养应用型、技能型人才的重要基地，承担着为社会输送大量技术技能型人才的任务。然而，随着经济的快速发展和行业技术的不断更新迭代，高职院校学生综合素质培养面临着前所未有的挑战，其中最为突出的便是课程体系与市场需求之间的脱节问题。这一问题不仅影响到学生的就业质量和就业率，还关系到高职教育质量的整体提升和高职院校的社会声誉。

课程体系与市场需求之间的脱节主要表现在以下几个方面：首先，信息更新滞后。随着信息技术和相关行业技术的快速发展，新的工作岗位、新的技术要求层出不穷。然而，高职院校的课程更新往往需要经过漫长的教学研究、审批等程序，导致教学内容与实际技术发展存在时间差，学生毕业时所掌握的知识和技能已无法满足市场的最新需求。

其次，实践教学资源有限。高职教育注重实践教学，但是由于资源的限制，很多高职院校无法为学生提供足够的实践机会，特别是高新技术领域的实践机会更是难以满足。这导致学生在理论学习之外，缺乏将知识应用到实际工作中去的能力，难以适应快速变化的工作环境。

最后，专业设置与市场需求不匹配。部分高职院校的专业设置更多地基于传统产业和技术，缺乏对新兴产业和技术领域的关注和投入。随着经济结构的调整和产业升级，传统产业的人才需求减少，而新兴产业却急需大量技术技能型人才。这种情况下，高职院校的毕业生难以满足市场的实际需求，影响了他们的就业前景。

解决课程体系与市场需求之间脱节的问题，需要高职院校、行业企业和政府等多方面的共同努力。首先，高职院校应加快课程体系的更新换代，增强课程内容的时效性和前瞻性。通过加强与行业企业的合作，及时获得行业最新技术和技能需求的信息，调整和优化课程内容，确保教学内容与市场需求紧密对接。

其次，高职院校应积极扩展实践教学资源，通过建立实训基地、合作工厂等形式，为学生提供更多的实践机会。同时，也可以通过校企合作、订单式培养等模式，将企业的实际项目引入教学之中，使学生在学习过程中就能接触到真实的工作场景，提前适应职场环境。

最后，高职院校还需要密切关注市场需求的变化，及时调整专业设置和人才培养方向。对于新兴产业和技术领域，应当加大投入，开设相关专业和课程，培养满足未来市场需求的新型技能人才。

高职院校学生综合素质培养面临的挑战主要集中在课程体系与市场需求之间脱节的问题上。面对这一挑战，高职院校需要采取多种措施，包括加速课程更新、扩大实践教学资源、调整专业设置等，以确保学生所学知识和技能能够满足市场的实际需求，从而提高毕业生的就业竞争力和综合素质。这不仅是高职教育质量提升的需要，也是社会经济可持续发展的必要条件。

三、学生主动学习意识不足

在当前教育体系中，高职院校作为专业技能教育的重要组成部分，肩负着为社会培养实用型、技能型人才的使命。然而，面对快速变化的社会需求和技术发展，高职院校学生的综合素质培养遭遇了一系列挑战，其中最为显著的就是学生主动学习意识的不足。

主动学习意识不足的问题体现在多个方面。一部分高职院校的学生对于自主学习缺乏足够的动力和兴趣。他们往往满足于课堂上的知识传授，对于超出教材和课堂的知识探索表现出冷漠态度。这种学习态度限制了他们的知识视野和技能水平，使得他们在面对复杂问题和新技术时显得力不从心。

学生忽视了个人发展和综合素质提升的重要性。在当前社会，仅仅拥有专业技能已经不能满足职场的全面需求。创新能力、团队合作、沟通技巧等综合素质越来越受到重视。然而，由于缺乏主动学习的意识，很多高职院校学生未能充分利用校外资源和时间，来提升这些软技能，从而在就业和职场竞争中处于不利地位。

高职院校的教学模式和评价体系也在一定程度上助长了学生的被动学习态度。传统的以教师为中心的教学模式，强调知识的灌输而非学生的主动探索。以考试成绩为主的评价体系，则使学生更加关注应试技巧，而非知识的实际应用和创新。这种教学和评价模式的局限性，在无形中削弱了学生主动探索和自我提升的动力。

面对这些挑战，高职院校需要采取有效措施，激发学生的主动学习意识，促进其综合素质的全面发展。首先，学校可以改革教学模式，采用项目式学习（PBL）、翻转课堂等现代教学方法，增加学生的参与度和探索欲望。通过让学生在真实或模拟的工作场景中解决问题，不仅能够提升他们的专业技能，还能够锻炼他们的团队合作和问题解决能力。

其次，高职院校应当建立更加多元和开放的评价体系，不仅要评价学生的知识掌握程度，还要评价他们的创新能力、团队协作能力等软技能。这样的评价体系能够鼓励学生在学习过程中主动探索，积极参与各类实践活动，从而实现自我提升。

最后，学校还应当加强与企业和社会的合作，为学生提供更多的实习和实践机会。通过实践学习，学生不仅能够将理论知识应用到实际工作中，还能够提前适应职场环境，增强其就业竞争力。

面对高职院校学生主动学习意识不足的挑战，需要教育者、学校管理者和社会各界的共同努力。通过改革教学模式和评价体系，加强校企合作，可以有效激发学生的学习兴趣和自主探索的动力，促进他们的综合素质全面提升，为社会培养更多高素质的技能型人才。

四、实践教学与企业合作不足

在当前的教育体系中，高职院校肩负着培养实用技术型人才的重要使命。这些院校通过提供专业知识和技能培训，旨在为学生打下坚实的职业基础，以适应日益变化的工作市场。然而，在这个过程中，高职院校在学生综合素质培养方面面临着一些挑战，其中最为突出的问题之一便是实践教学与企业合作的不足。

实践教学是高职教育的核心，它不仅涉及专业知识的应用，更重要的是通过实践活动，学生能够培养解决实际问题的能力，增强团队协作和沟通技能，以及适应工作环境的能力。在这一过程中，企业合作起到了至关重要的作用。通过与企业的紧密合作，学校能够为学生提供真实的工作环境体验，使学生能够更好地理解和掌握所学知识的实际应用，从而在毕业后能够迅速适应工作岗位，提高就业竞争力。

然而，现实情况是，一些高职院校与企业的合作程度不够，存在合作企业数量少、合作质量不高、合作深度不足等问题。这导致实训项目往往缺乏实际意义，无法为学生提供充分、真实的工作环境体验。一方面，由于缺乏足够的企业资源，学校很难开展符合行业标准的实训项目，导致学生在实训过程中接触到的技术和工艺可能已经过时，与企业当前的需求不符。另一方面，由于合作的深度不足，学生在实训过程中往往无法得到企业专业人士的指导，无法深入了解行业的最新发展动态，这在一定程度上限制了学生技能的提升和综合素质的发展。

实践教学与企业合作不足还意味着学生缺乏与真实工作环境接轨的机会。在真实的工作环境中，学生不仅能够学习到专业技能，更重要的是能够培养工作责任感、团队合作精神、沟通能力等软技能。这些软技能对于学生的综合素质提升至关重要，但在缺乏企业合作的情况下，学校很难在教学中充分模拟真实的工作环境，导致学生在这些方面的能力发展受到限制。

面对这一挑战，高职院校需要采取积极措施，加强与企业的合作。首先，学校可以通过建立校企合作机制，拓宽合作企业的范围，不仅与大型企业建立合作关系，也考虑与中小企业合作，以此来增加实训项目的多样性和实践性。其次，学校还可以通过深化合作内容，邀请企业专家参与课程建设和教学过程，为学生提供更多接触行业前沿技术和理念的机会。此外，学校还可以探索建立长期稳定的合作关系，如设立校企联合实验室、研发中心等，以此来提升合作的深度和质量。

实践教学与企业合作对于高职院校学生综合素质的培养至关重要。面对合作不足的挑战，高职院校需要积极探索和实施有效的合作模式，通过加强与企业的合作，为学生提供更多、更好的实践学习机会，从而全面提升学生的专业技能和综合素质，培养出更多适应社会发展需要的技术型人才。

第二节　应对挑战的策略与建议

一、优化资源配置，提高教育质量

面对当前教育领域的种种挑战，特别是在高等职业教育方面，优化资源配置以提高教育质量成为一项迫切需要实施的策略。随着社会经济的快速发展和产业结构的持续调整，对高素质技能型人才的需求日益增长。然而，高职院校在发展过程中遇到了一系列问题，如师资力量薄弱、实训设施陈旧、科研项目缺乏等，这些问题严重制约了教育质量的提升。因此，通过加强内部管理，优化资源分配，引进和培养高水平师资，升级实训设备，增强科研项目支持，为学生提供更优质的学习资源和环境，已成为提高教育质量的关键途径。

加强内部管理是提高教育质量的基础。高职院校应当建立和完善科学的管理体系，优化管理流程，提升管理效率。通过引入现代管理理念和方法，如信息化管理平台，可以实现资源配置的透明化、科学化，确保教育资源得到合理利用。同时，加强对教学、科研、实训等各个环节的监督和评价，定期对教学质量进行评估，根据评估结果调整教育策略，是不断提高教育质量的关键。

优化资源分配，提升师资队伍建设是提高教育质量的核心。师资队伍是教育质量的重要保障，高职院校应当通过多渠道引进高水平的教师，同时加大对现有教师的培训力度，提升教师的教学能力和科研水平。例如，可以设立专项基金支持教师参加国内外学术交流、研修和进修，鼓励教师参与产教融合项目，通过实践提升教学质量和科研能力。此外，建立激励机制，对在教学和科研中取得突出成绩的教师给予物质和精神上的奖励，可以激发教师的积极性和创新性。

升级实训设备，增强实践教学能力是提高教育质量的重要途径。高职教育的特点是重视学生的实践能力培养，因此，配备先进的实训设备，建设实训基地，与企业合作开展实训项目，对提高学生的职业技能至关重要。高职院校应当增加投资，更新实训设施，引进行业前沿的技术和设备，使学生在学习过程中能够接触到最新的技术和工艺，提高其就业竞争力。

增强科研项目支持，促进学术研究与技术创新是提高教育质量的长远策略。高职院校应当鼓励教师和学生参与科研项目和技术开发，通过建立产学研合作平台，联合企业开展研究项目，既可以解决企业技术难题，又能提升学校的科研实力和教学水平。此外，加大对科研成果转化的支持，鼓励将科研成果应用于教学和产业发展中，可以有效促进知识和技术的创新与传播。

高职院校在面对教育领域的挑战时，应当采取多方位的策略，如加强内部管理、优化资源分配、引进和培养高水平师资、升级实训设备、增强科研项目支持等，从而为学生提供更优质的学习资源和环境。通过这些措施的实施，不仅可以提高教育质量，促进学生的全面发展，还可以增强学校的综合实力和社会服务能力，为社会培养出更多高素质的技能型人才。

二、课程改革紧跟行业趋势

课程改革是高等教育领域中的一个永恒话题。随着时代的变迁和科技的飞速发展，传统的教学模式和课程设置已经不再适应当今快速变化的社会和行业需求。因此，紧跟行业趋势、与企业建立联系、调整和更新课程内容已成为现代教育改革的重要方向之一。

理解行业趋势对于进行课程改革至关重要。当今世界正处于科技创新和产业升级的时代，各行各业都面临着前所未有的挑战和机遇。从人工智能到生物技术，从环境保护到金融科技，新兴产业不断涌现，传统产业也在不断转型升级。在这样的背景下，教育机构必须密切关注行业发展动向，了解行业对人才的需求和未来发展方向，以此为依据进行课程设计和调整。

建立与行业企业的联系是实现课程改革的重要途径之一。与企业建立合作关系可以帮助教育机构更好地了解行业的实际需求，获取实践经验和最新技术资讯。通过与企业合作，教育机构可以邀请行业专家来校园进行讲座、实习和实训，提供学生与真实工作场景接轨的机会。同时，建立行业导师制度，让企业专业人士参与课程设计和教学过程，也能有效提高课程的实用性和适应性。

及时调整和更新课程内容是保持教育与行业同步的重要保证。随着技术的更新和行业的变革，过时的课程内容会导致教育的滞后性，影响学生的就业竞争力。因此，教育机构应建立起灵活的课程更新机制，定期对课程内容进行评估和调整。可以通过专家评审、学生反馈、行业调研等方式收集信息，及时发现问题并进行修正。同时，引入跨学科的教学内容，培养学生的综合能力和创新思维，也是课程更新的重要方向之一。

对于课程改革面临的挑战，首先是来自传统教育观念和体制的惯性思维。长期以来，教育机构往往固守于传统的课程设置和教学模式，难以适应社会的变革和行业的需求。因此，改变传统的教育观念和体制，推动课程的改革需要付出更多的努力和时间。

课程改革面临着师资队伍建设的挑战。优质的课程需要优秀的教师去设计和实施，但是目前许多教师缺乏与行业接轨的经验和专业知识。因此，教育机构需要加大对教师的培训和引进力度，提高他们的专业水平和实践能力，使其能够更好地应对课程改革的挑战。

课程改革还面临着资源配置不足的挑战。要想实现课程内容的更新和调整，需要投入大量的人力、物力和财力。但是目前许多教育机构在资源配置上存在不足的情况，这就制约了课程改革的进程。因此，教育机构需要加强对资源的整合和优化利用，同时通过拓宽资金渠道和引进外部资金等方式增加资源投入。

针对以上挑战可以采取以下策略和建议：首先，加强教育体制改革，推动教育观念的更新和教育机构的转型。通过制定相关政策和法规，激励教育机构积极探索课程改革的途径和方法，鼓励教师创新教学方式，打破学科壁垒，促进跨学科融合。

其次，加强师资队伍建设，提高教师的专业水平和实践能力。建立起完善的师资培训机制，为教师提供与行业接轨的培训和实践机会，鼓励教师参与行业研究和实践活动，不断提升其专业知识和技能水平。

再次，加大对课程改革的投入，优化资源配置。教育部门可以通过增加财政拨款、引进社会资本等方式增加对教育的投入，为课程改革提供更多的支持和保障。同时，教育机构也可以通过与企业合作、开展校企合作项目等方式获取更多的资源支持。

最后，加强与学生的沟通和反馈，注重听取学生的意见和建议。学生是教育的受益者和参与者，他们对课程内容和教学方式有着直接的感受和看法。因此，教育机构应该建立起有效的反馈机制，及时收集学生的意见和建议，根据实际情况调整和优化课程内容和教学方式，确保教育教学工作能够更好地满足学生的需求和社会的要求。

课程改革紧跟行业趋势，加强与企业的联系，及时调整和更新课程内容是当前高等教育改革的重要方向。面对课程改革的挑战，我们需要加强教育体制改革，提升师资队伍建设，优化资源配置，注重与学生的沟通和反馈，共同推动课程改革取得更好的效果，为培养更多适应社会发展需要的人才作出积极贡献。

三、培养学生的自主学习能力

培养学生的自主学习能力是教育中的一项重要任务，它不仅可以帮助学生在学习过程中更加主动和有效地获取知识，还能够为他们未来的发展打下坚实的基础。在当今信息爆炸的时代，学生面临着海量的信息和知识。因此，教育者需要通过多种途径来培养学生的自主学习能力，以下是一些策略与建议。

设计引人入胜的课程内容是培养学生自主学习能力的重要途径之一。教师可以结合学生的兴趣和实际情况，设计生动有趣的教学内容，使学生能够在学习过程中感到愉悦和乐趣。例如，引入一些与学生日常生活相关的案例和问题，让他们通过实际操作和思考来解决，从而激发他们的学习兴趣和求知欲。此外，教师还可以采用多媒体技术和互动教学手段，使课堂变得更加生动有趣，激发学生的学习动力，促使他们更加主动地参与学习。

开展丰富多样的课外活动和竞赛也是培养学生自主学习能力的有效途径之一。通过参加课外活动和竞赛，学生不仅可以接触到更广泛的知识和技能，还可以培养他们的自主学习能力和解决问题的能力。例如，组织一些科技创新比赛或实践活动，让学生自主选择项目和研究方向，并通过团队合作和实践探究，培养他们的创新精神和实践能力。此外，还可以组织一些文化艺术活动或社会实践活动，让学生通过参与实践活动来了解社会和生活，培养他们的社会责任感和实践能力。

教师需要引导学生建立正确的学习态度和方法，培养他们的自主学习意识和能力。在教学过程中，教师可以通过讲解案例、分享经验和指导方法，帮助学生建立正确的学习观念和方法论，引导他们积极主动地学习和探索。例如，教师可以引导学生学会合理安排时间，制订学习计划，培养自主学习的习惯和能力。教师还可以教导学生如何选择合适的学习资源，如何利用网络和图书馆等资源进行自主学习，如何进行有效的学习笔记和总结归纳，以及如何进行自我评价和反思，不断提高学生的学习能力和水平。

教育者需要给予学生适当的自主权和自由空间，让他们在学习过程中能够自由探索、自由选择和自由实践。例如，教师可以采用项目化或问题化教学的

方式，让学生自主选择研究课题和解决问题的方法，并通过实践和探究来加深理解和掌握知识和技能。此外，教师还可以组织一些小组讨论或小组项目，让学生在团队合作中发挥自己的特长和优势，培养他们的团队精神和合作能力，促进他们共同成长和进步。

培养学生的自主学习能力是教育工作者的一项重要任务，需要通过设计引人入胜的课程内容、开展丰富多样的课外活动和竞赛、引导学生建立正确的学习态度和方法，以及给予学生适当的自主权和自由空间等多种途径来实现。通过这些努力，可以有效激发学生的学习兴趣和自主学习的意识，帮助他们更好地适应未来的社会发展和个人成长的需要。

四、加强校企合作，提升实践教学质量

加强校企合作，提升实践教学质量是当前教育领域的一个重要课题。随着社会经济的发展和科技的进步，传统的理论教学已经不能满足人才培养的需要，实践教学成为提升学生综合素质的重要途径之一。在这个背景下，加强校企合作，将理论教学与实践教学有机结合起来，对于培养具有创新精神和实践能力的高素质人才具有重要意义。

校企合作不仅仅是学校和企业之间简单的合作关系，更应该是一种深度融合的合作模式。首先，学校应该与企业建立起长期稳定的合作关系，而不是仅仅停留在短期项目合作上。这样可以让双方建立起信任，形成良好的合作氛围，更好地实现资源共享、优势互补。其次，校企合作应该是全方位的，不仅包括教学实践，还应该包括科研合作、人才培养、技术转移等多个方面，实现全方位的合作共赢。最后，校企合作要充分尊重市场规律，紧密结合市场需求，开发出适应市场的实训项目，培养出符合企业需求的高素质人才。

在实践教学质量提升的过程中，如何更好地应对挑战是至关重要的。首先，需要充分认识到实践教学的重要性，将其纳入教育教学体系的重要组成部分。学校和企业要共同加大投入，提升实践教学的硬件设施和软件支持，为学生提供良好的实践环境和条件。其次，要注重教师队伍建设，加强教师的实践能力培养，提高其与企业对接的能力，激发其教学热情和创新意识。再次，要

注重实践教学内容的更新与调整，紧密结合行业发展趋势和技术需求，不断优化实训项目，提升学生的实践能力和就业竞争力。最后，要加强对学生的指导和管理，建立健全的实践教学评价体系，及时发现和解决学生在实践过程中的问题，引导其全面发展。

加强校企合作，提升实践教学质量是当前教育改革的一个重要方向。学校和企业要共同努力，打破传统的教学模式，探索实践教学的新路径，为培养更多更好的高素质人才作出积极贡献。同时，要不断总结经验，不断创新实践教学的模式和方法，推动实践教学质量的持续提升。这不仅是对教育教学工作的改革创新，更是对社会经济发展的积极响应和贡献。

第三节　高职院校学生综合素质培养的发展趋势

一、整合资源，构建开放式学习平台

在当今快速发展的信息时代，高职院校学生综合素质的培养日益受到重视。随着技术的进步和教育理念的刷新，对学生的综合素质要求也在不断提升。未来的教育趋势将更加强调个性化、多元化的学习路径，以及实践能力和创新能力的培养。这就要求高职院校在教育教学模式、资源配置、课程体系等多方面进行深刻的变革和创新，特别是在整合资源，构建开放式学习平台方面，将成为高职院校学生综合素质培养的重要发展方向。

在过去，高职院校的教育资源相对封闭，学生学习的途径和资源大多限于传统的课堂教学和图书资料。然而，随着互联网和新兴技术的发展，教育资源的获取方式和学习方式正发生着翻天覆地的变化。开放式学习平台的构建，意味着高职院校能够打破传统的教育资源限制，整合来自社会、企业、国际的优质教育资源，为学生提供更加丰富、多元、高质量的学习内容和学习方式。这种开放式学习平台不仅可以扩大学生的知识视野，还能够提升他们的自主学习能力和实践能力，为其综合素质的提升奠定坚实的基础。

高职院校可以通过构建基于互联网的在线教育平台，整合各类教育资源。

这些平台不仅提供传统的课程学习资源，还可以提供虚拟实验、虚拟实训等互动体验式学习内容，极大地拓展了学习的时空界限和内容界限。同时，利用大数据、人工智能等技术对学习过程进行智能化管理和个性化推荐，可以有效提升学习效率和学习成效。

高职院校可以通过与企业的合作，构建校企合作平台，利用企业的实际案例和资源，进行项目驱动学习。这种方式不仅能够让学生接触到最新的行业动态和技术，还能够在实践中锻炼其解决实际问题的能力，极大地提升了学习的针对性和实用性。

通过开放式学习平台，高职院校还可以与国外优秀教育机构进行合作，共享教育资源，开设国际课程，提供语言学习和文化交流的机会，帮助学生拓宽国际视野，提升全球竞争力。

虽然开放式学习平台为高职院校学生综合素质的培养提供了新的机遇，但也面临着一些挑战，如资源的质量控制、教学管理的改革、教育公平性的保障等。针对这些挑战，高职院校需要采取有效的措施。

（一）保证资源质量

通过建立质量评估和认证机制，确保整合的教育资源具有高质量和实用性。

（二）改革教学管理

适应在线教育和混合式学习的需要，改革教学方法和管理模式，提高教师的信息技术应用能力。

（三）保障教育公平

确保所有学生都能平等地获取开放式学习平台的资源，特别是对于偏远地区和经济条件较差的学生，通过提供必要的技术支持和学习辅导，减少教学鸿沟。

整合资源，构建开放式学习平台，是未来高职院校学生综合素质培养的重要发展趋势。通过利用互联网和新兴技术，高职院校可以为学生提供更加丰富多样、高质量的学习资源和学习方式，不仅能够促进学生知识技能的全面提升，还能够培养其自主学习能力、创新能力和国际竞争力。面对这一发展趋势，高职院校需要不断探索和创新，克服挑战，把握机遇，为学生的综合素质培养提供有力的支持。

二、实践教育与创新创业教育并重

随着全球经济格局的快速变化和科技水平的不断提高，创新与创业已成为推动经济社会发展的重要力量。在这样的背景下，高职院校肩负着培养适应时代需求的高素质技术技能人才的重要任务。因此，实践教育与创新创业教育的融合，不仅是高职教育改革的必然趋势，也是高职院校学生综合素质培养的重要方向。

实践教育作为高职教育的核心，强调通过实际操作来增强学生的职业技能和工作能力。这种教育方式能够使学生在真实或接近真实的工作环境中，直接参与生产、服务和管理等实际活动，从而更好地理解和掌握专业知识，培养解决实际问题的能力。在经济全球化和信息化背景下，企业和社会对创新能力和实践能力的需求日益增长，这就要求高职院校必须将实践教育放在更加突出的位置，不断优化实践教育的内容和方式，提高实践教育的质量和效果。

创新创业教育作为培养学生创新精神和创业能力的重要途径，也越来越受到高职院校的重视。在当前经济新常态下，创新已成为驱动经济发展的核心动力，而创业则是实现个人价值和社会贡献的重要途径。因此，高职院校通过开设创新创业课程、建立创新创业平台、举办各类创新创业比赛等方式，激发学生的创新思维，培养学生的创业意识和创业能力，为学生将来的就业创业提供更多的可能性和支持。

实践教育与创新创业教育的融合，是高职院校适应经济社会发展需要、提高教育质量和培养学生综合素质的重要途径。这种融合不仅要求高职院校在教育教学中加强理论教育与实践教育的结合，注重培养学生的实践能力和创新能力，还要求高职院校创新教育理念和教育模式，构建开放、灵活、多元的教育体系，为学生提供更多的实践和创新创业机会。

为了更好地实现实践教育与创新创业教育的融合，高职院校可以采取以下几个方面的措施：一是加强与企业的合作，通过校企合作、工学结合等模式，为学生提供更多的实践学习和实习机会，使学生能够在实际工作中学习和应用专业知识，提高职业技能。二是加强师资队伍建设，引进具有丰富实践经验和创新能力的教师，通过教师的示范和引导，激发学生的创新思维和创业热情。三是优化课程体系，将创新创业教育纳入课程体系，设计一系列与实际紧密结合的创新创业课程，培养学生的创新意识和创业能力。四是建立创新创业平台，为学生提供创新创业的实践平台和资源支持，鼓励学生参与创新创业活动，通过实践活动培养创新和创业能力。

实践教育与创新创业教育的融合，对于高职院校学生的综合素质培养具有重要意义。通过不断探索和实践，高职院校可以为学生提供更加丰富多彩的学习体验，培养他们的实践能力、创新能力和创业能力，为学生的就业创业和个人发展奠定坚实的基础，为社会培养更多的高素质技术技能型人才，为推动经济社会的发展作出更大的贡献。

三、精准就业指导，提升学生就业质量

在当今社会，随着经济全球化和技术革新的加速，就业市场的竞争日益激烈。在这种背景下，高职院校学生的综合素质培养显得尤为重要，其中，精准就业指导作为提升学生就业质量的关键环节，正在成为高职教育改革和发展的重要趋势之一。

高职院校作为培养应用型、技能型人才的重要基地，其学生的就业质量直接关系到社会经济的发展和人才培养质量的评价。因此，通过精准的就业市场分析和职业生涯规划指导，帮助学生更好地了解自我，明确职业定位，提高其就业竞争力和职业发展潜力，成为高职院校教育改革的重要方向。

精准的就业市场分析是指导高职院校学生就业的基础。在信息化时代背景下，就业市场信息变化迅速，对学生而言，能够及时准确地掌握就业市场的最新动态和需求，对其制定合理的职业规划和提升就业竞争力具有重要意义。高职院校可以利用大数据分析等技术手段，对就业市场进行深入分析，掌握行业发展趋势，预测未来就业热点，从而为学生提供更为精准的就业指导和职业生涯规划服务。

职业生涯规划指导是提升学生就业质量的关键。高职院校学生在校期间，通过系统的职业生涯规划教育，不仅可以更好地了解自我，明确个人的职业兴趣、特长和价值取向，还能够根据就业市场的需求和个人职业发展目标，制定出具有针对性的职业规划。这不仅有助于学生提升个人素质和职业技能，还能够增强其就业的主动性和灵活性，从而提高就业竞争力。

进一步而言，高职院校还应积极构建校企合作的就业指导机制。通过与企业的深度合作，高职院校可以更准确地把握企业的人才需求，为学生提供实习机会、就业机会以及企业实际工作中的技能培训。这种密切的校企合作不仅有助于学生了解行业现状和企业文化，还能够让学生在实际工作中应用所学知识，提前适应职场环境，增强职业适应能力和发展潜力。

高职院校应加强就业指导服务体系建设，通过成立专门的就业指导中心，提供一对一的职业规划咨询、职业技能培训、模拟面试等服务，帮助学生全面提升就业竞争力。同时，还应充分利用网络平台，开发线上职业生涯规划课程和就业指导资源，为学生提供更加便捷、高效的就业指导服务。

高职院校应积极响应国家政策，将创新创业教育融入职业生涯规划之中，鼓励和支持学生开展创新创业活动。通过提供创业指导、创业孵化、创业资金支持等服务，不仅可以激发学生的创新创业热情，还能够培养学生的创新思维和实践能力，为学生开拓更广阔的职业发展空间。

高职院校学生综合素质培养的发展趋势之一是通过精准就业指导提升学生就业质量。这不仅需要高职院校深入分析就业市场，提供职业生涯规划指导，还需要构建校企合作机制，加强就业指导服务体系建设，以及融入创新创业教育，从而帮助学生提高就业竞争力，实现高质量就业。

四、国际化教育，扩大国际视野

在当今日益全球化的时代，高等职业教育的国际化已经成为一项重要趋势。随着经济全球化、科技快速发展和文化交流的不断加深，各国之间的互联互通达到了前所未有的程度。这种变化要求高职院校不仅要培养学生的专业技能，还要着重于提升其全球视野和国际竞争力。为此，高职院校正在积极拓展国际化教育，通过学生交流、师资互访、国际合作项目等多种方式，促进学生的全面发展，培养具有国际视野和全球竞争力的高素质技术技能型人才。

学生交流项目是高职院校国际化教育的重要组成部分。通过与海外高校的合作，开展短期或长期的学生交流项目，学生可以亲身体验不同国家的文化、教育体系和社会环境，这不仅有助于拓宽其国际视野，还可以促进其语言能力和跨文化交际能力的提升。例如，中国的高职学生可能会赴德国学习先进的制造技术，而德国学生则可能来中国学习中文和中国文化，这种互动增强了学生的国际理解和适应能力，为其未来在全球化职业环境中的发展奠定了坚实的基础。

师资互访是另一种有效的国际化教育方式。通过邀请海外专家和学者来校讲学或派遣本校教师到国外研修、讲学，高职院校能够实现师资知识的国际化和多元化。这不仅能够提高教学质量，还能促进教师之间的国际交流与合作，为学生带来更加丰富和先进的国际视角。教师的国际化经验直接影响到教学内容和方法的国际化，有助于学生更好地理解全球化背景下的专业知识和技能。

国际合作项目是高职院校推进国际化教育的重要途径之一。通过与国外院校、研究机构和企业的合作，共同开展科研项目、技术开发和职业培训等，不仅可以提升学校的国际影响力，还能为学生提供实际操作和国际合作的机会。这类项目往往涉及最新的科技发展和行业需求，参与其中的学生能够在实践中学习国际先进的技术和管理经验，极大地提升其专业能力和国际竞争力。

面对全球化带来的挑战和机遇，高职院校的国际化教育显得尤为重要。它不仅要求学校在教学内容和方法上进行国际化改革，还要求积极参与国际合作与交流，建立广泛的国际合作网络。通过这些努力，可以有效提升学生的国际视野、跨文化交流能力和全球竞争力，为其在全球化职业市场中的成功打下坚实的基础。

然而，要实现这一目标，高职院校还需克服一系列挑战，包括资源分配、国际合作机制建设、教师国际化能力提升等。这要求高职院校不仅要有明确的国际化战略规划，还需要建立有效的管理和运作机制，确保国际化教育的质量和效果。同时，也需要政府、企业和社会各界的支持和参与，共同推动高职教育的国际化发展，为培养更多具有国际竞争力的技术技能型人才作出贡献。

高职院校学生综合素质培养的国际化是一种不可逆转的趋势，它要求高职院校在教育国际化方面进行深入思考和积极实践。通过加强国际合作与交流，不断提升教学质量和学生的国际竞争力，高职院校能够在全球化的大背景下培养出适应国际市场需求的高素质技术技能型人才，为促进经济社会的发展和国家国际竞争力的提升作出重要贡献。

参考文献

[1] 粟俊江，郑小蓉，张洪冲．高职院校学生综合素质培育体系的构建 [J]. 中国西部科技（学术），2007(15).

[2] 赵萍．高职院校学生综合素质教育内涵研究 [J]. 中小企业管理与科技（下旬刊），2014(5).

[3] 邹建辉．高职院校学生综合素质提升及其评价体系研究与实践 [J]. 中小企业管理与科技（下旬刊），2012(10).

[4] 李建群．创新学生管理工作，全面提高高职院校学生综合素质——香港中文大学"书院制"学生管理模式的启示 [J]. 中国科教创新导刊，2013(4).

[5] 李慧蕾．浅谈半军事化教育管理模式下高职学生综合素质的培养 [J]. 新校园（上旬刊），2015(10).

[6] 曹培霞，王秀慧．高职院校公共选修课与学生综合素质培养研究 [J]. 河北广播电视大学学报，2012(1).

[7] 高莹．高职院校学生干部培养创新模式研究 [J]. 经营管理者，2017(17).

[8] 闫玉清．浅谈半军事化教育管理模式下高职学生综合素质的培养 [J]. 文渊（中学版），2020(8).

[9] 张旭辉．高职院校学生管理和评价体系的研究和实现 [D]. 沈阳建筑大学，2013.

[10] 苏志华．高职院校学生自主管理机制的建立与运行 [J]. 教育科学，2017(9).

[11] 时全丽，庞杰．高职院校学生综合素质培养研究 [J]. 常州信息职业技术学院学报，2009(4).

[12] 周永塔，谢曼．基于大数据的高职院校学生综合素质评价研究 [J]. 电脑知识与技术，2020(10).

[13] 于洋．高职院校学生综合素质培养及人才储备研究——以阜新市为案例 [J]. 山西青年，2017(20).

[14] 穆学君，李良敏．高职学生社会素质培养 [M]. 北京：高等教育出版社，2019.

[15] 隋淼．浅谈高职院校如何提高学生的综合素质 [J]. 现代交际，2012(8).

[16] 王攀锋．浅谈高职院校学生综合素质的培养 [J]. 时代教育，2014(20).

[17] 张文秀，刘庆吉．高职院校营销与策划专业学生综合素质培养探析 [J]. 中小企业管理与科技（下旬刊），2012(9).